TRANSFORMACIONES Y CONTEXTOS

TRANSFORMACIONES Y CONTEXTOS

La Universidad Autónoma de Tamaulipas y las Políticas de educación superior

MARCO AURELIO NAVARRO LEAL

Número de Control de la Biblioteca del Congreso de EE. UU.: 2024926660

ISBN:	Tapa Dura	978-1-5065-5417-4
	Tapa Blanda	978-1-5065-5416-7
	Libro Electrónico	978-1-5065-5415-0

Información de la imprenta disponible en la última página.

Fecha de revisión: 27/11/2024

Para realizar pedidos de este libro, contacte con:
Palibrio
1663 Liberty Drive
Suite 200
Bloomington, IN 47403
Gratis desde EE. UU. al 877.407.5847
Gratis desde México al 01.800.288.2243
Gratis desde España al 900.866.949
Desde otro país al +1.812.671.9757
Fax: 01.812.355.1576
ventas@palibrio.com
852468

ÍNDICE

LA TRANSICIÓN

A Ruth

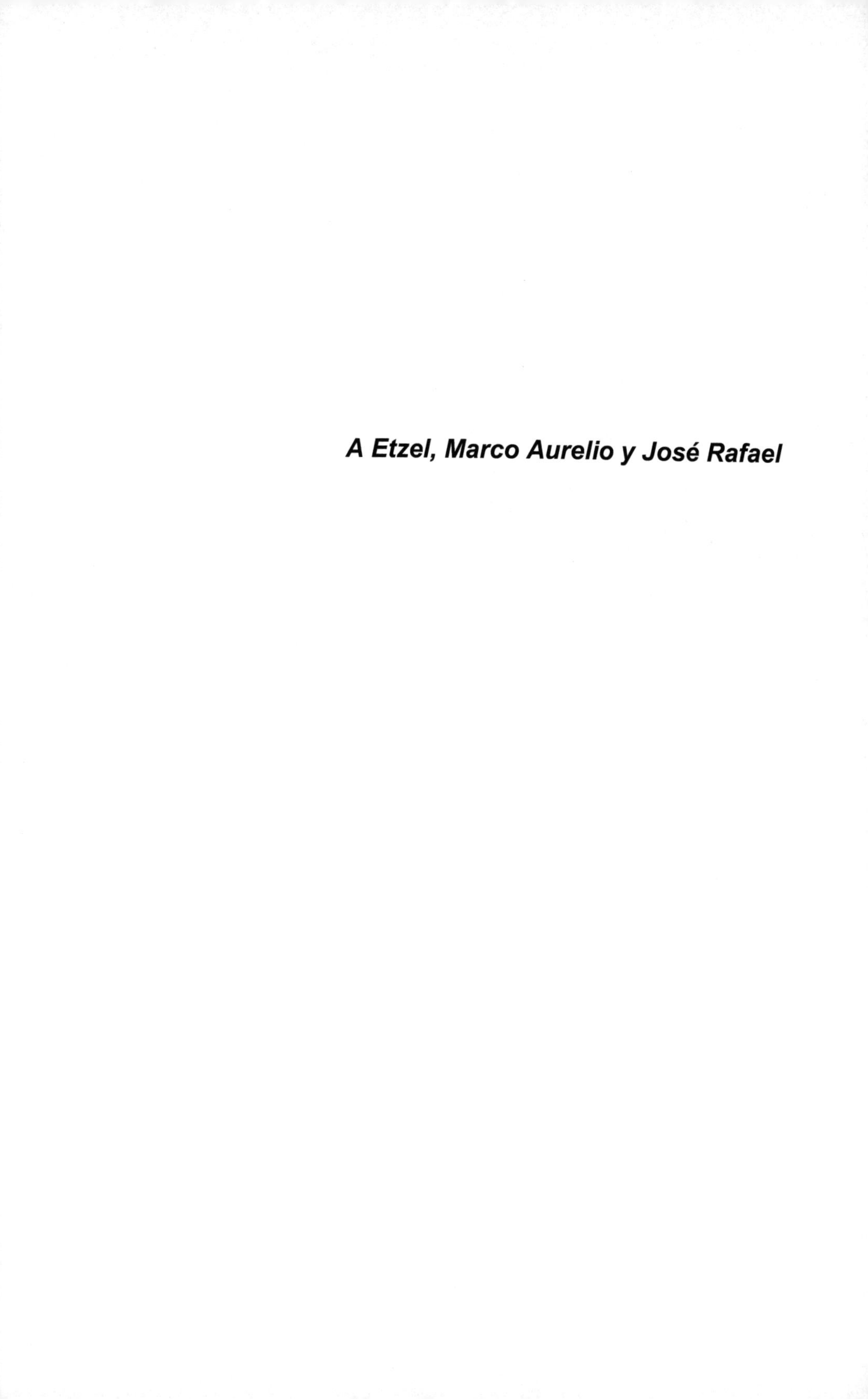

A Etzel, Marco Aurelio y José Rafael

INTRODUCCIÓN

Transformar una universidad no es tarea fácil. Al desenvolvimiento de este tipo de instituciones asisten diversos factores que van a determinar finalmente sus características, sus aspiraciones y sus límites. Dicho conjunto de factores —que pueden expresarse mediante demandas, presiones y/o tensiones— proviene de las esferas de las políticas del estado, de las gubernamentales, de las demandas de los sectores productivos de la región, de los intereses y aspiraciones de los actores políticos y sociales de sus respectivas localidades, así como de la dinámica propia de las instituciones mismas.

En la compleja red de relaciones al interior de las universidades, como entre estas y su entorno, ni las legislaciones, ni los actores, ni las políticas de manera aislada pueden explicar su devenir, como tampoco estas de manera aislada pueden determinar la construcción de su futuro. Si bien estos factores, de manera implícita o explícita, han estado siempre presentes en las políticas e instrumentos de desarrollo de las universidades, tanto como efecto de la reestructuración internacional de los procesos de producción, distribución y consumo de bienes, servicios y conocimiento; como por la incidencia de las políticas de los organismos internacionales en las políticas nacionales, se pueden observar aspectos y tendencias que plantean diversas encrucijadas a las trayectorias que las instituciones han seguido desde hace ya algunas décadas.

En esta perspectiva, aunque las políticas de educación superior y los mecanismos de su implementación no observan suficientemente las distinciones y particularidades de las universidades, se pueden observar algunos efectos de isomorfismo, aunque su operación no tenga una eficacia homogénea sobre estas.

El desarrollo de las instituciones de educación superior de carácter público, especialmente en el caso de las universidades, está muy ligado a la conducción de las políticas federales para el sector educativo. Sin embargo, la relación entre políticas y desarrollo universitario no es directa y mucho menos unilateral, tanto por la naturaleza de ambas, como por los mecanismos para su instrumentación.

Para analizar el desarrollo de la Universidad Autónoma de Tamaulipas a la luz de las políticas públicas, como es el propósito de este libro, se debe considerar que éstas no son formuladas unilateralmente por el Gobierno Federal, sino en el marco de distintas presiones y tensiones provenientes de diversas fuentes de demandas. En ese sentido habría que reconocer también el papel mediador de la Asociación Nacional de Universidades e Instituciones de Educación Superior (ANUIES), entre otros, como el CENEVAL y los comités que hacen evaluación externa, acreditación y certificación, sobre todo de aquellas con participación amplia de académicos.

Se debe considerar también, que las instituciones de educación superior, como las universidades públicas, no son sistemas funcionalmente orgánicos con completa disposición para adoptar a cabalidad las políticas públicas, que en términos genéricos se entienden como "las acciones de gobierno que tienen como propósito realizar objetivos de interés público y que los realizan con eficacia y aún con eficiencia" (Aguilar Villanueva, 2013, pág. 103), que en inglés se reconocerían como "policies" y que son distinguibles de las luchas por el poder que llamamos política (politics) y que pueden tener tanto una dimensión local, como nacional o hasta trasnacional, en algunos casos.

Las universidades, por su naturaleza, están integradas por grupos con visiones e intereses diferenciados, cuya interacción organizacional está permeada por una amplia diversidad de tradiciones, inercias, expectativas e intereses que resultan en un permanente estado de tensiones y conflictos, que de manera latente o expresamente abierta, actúan tanto en la definición de prioridades institucionales, como en el planteamiento y operación de sus transformaciones. Además, en el escenario de su desarrollo aparecen también las fuerzas regionales, los actores políticos de sus entornos inmediatos, que igualmente plantean demandas y presiones hacia la universidad.

El análisis de las relaciones entre las políticas gubernamentales y el desarrollo de las universidades se torna aún más complejo por las variaciones en los mecanismos de instrumentación o de regulación utilizados tanto para la conducción del conjunto de las instituciones, como para la conducción y gestión al interior de estas. La idoneidad de la conducción regulación, se ve comprometida por las variaciones o la ineficacia de acciones en sus niveles discursivo, normativo/programático y operacional (Fuentes Molinar, 2023).

Ante esta perspectiva teórica, es de esperarse que el impacto de las políticas gubernamentales en el desarrollo de las universidades, sea desigual entre estas, como al interior de los distintos sectores que las componen. Así, un propósito más formal del presente análisis es el de reseñar los efectos de las políticas federales en la Universidad Autónoma de Tamaulipas, para recuperar experiencias, lo cual puede contribuir al planteamiento de nuevas definiciones, tanto de política interna como de planeación institucional. Una historia de las transformaciones de la universidad no puede ser explicada sin el contexto, por más agencia y poder que puedan acumular sus líderes.

La transformación de la Universidad Autónoma de Tamaulipas a la luz de su conducción frente a las políticas desplegadas por el gobierno federal hacia las instituciones de educación superior, es el objeto que nos propusimos analizar en el presente libro. Se partió del supuesto de que las casas de estudio, por su naturaleza, se encuentran en continua transformación, aunque no necesariamente en la dirección y con la velocidad deseada. La conducción nacional de estas es un proceso complejo en el que hay factores de condicionamiento y determinación de las fuerzas políticas de sus contextos locales y hasta del proyecto institucional y el estilo de gobernar de cada rector en turno.

Las universidades autónomas de los estados — a diferencia de otros subsistemas de educación superior pública — se desenvuelven con ciertos márgenes de autonomía relativa, ya que pueden tomar decisiones importantes, y propias, respecto a su oferta de estudios, sus formas de organización interna, la formación de sus profesores, la priorización de sus temas de investigación, los temas de difusión, extensión y vinculación, la distribución interna de una parte de los subsidios gubernamentales, así como de los recursos concursables y conseguidos por concepto de servicios prestados.

Estas instituciones, sin embargo, no se pueden sustraer totalmente a los mecanismos de conducción de la educación superior que el gobierno legítimamente establece para alinear las instituciones y los recursos públicos con las políticas de desarrollo establecidas en el contexto de una planeación nacional indicativa.

Para las instituciones autónomas y sus actores, de la capacidad que tengan para tomar e implementar decisiones como las arriba mencionadas, dependerá la ampliación o la disminución de sus espacios de autonomía relativa para sacar adelante un proyecto propio de universidad. La revisión de experiencias de desarrollo académico, desde la perspectiva de la utilización de sus capacidades y considerando los linderos de conducción de las políticas públicas, puede proporcionar una lectura que rebase la simple narración anecdótica de funcionarios universitarios, o de sus actores políticos, en un período administrativo. Así, el presente libro puede ser leído desde la perspectiva de un caso, en el contexto de la educación superior mexicana, o puede ser leído como una historia particular de la Universidad Autónoma de Tamaulipas.

Con este libro no se aspira a la construcción de una historia general de la institución, se han seleccionado algunos episodios y hechos que dan cuenta de la tesis que le da sustento; esto es, que las transformaciones de la universidad cobran sentido a la luz de los procesos nacionales y de las política que de esto derivan y no solo de la agencia de sus rectores, que siempre estará acotada por las oportunidades o coyunturas que ofrezcan las relaciones con el contexto político y sus actores.

Los procesos y acciones que integran esta narrativa, han sido seleccionados de manera intencional; y para darle un cierto sentido de temporalidad (aunque no por ello todos siguen una línea del tiempo) han sido agrupados en una especie de temporadas y episodios. Si bien entre estos se pueden encontrar hilos conductores, también pueden facilitar su lectura, al proponer una opcional hoja de ruta. Se advierte que algunos de los apartados aquí incluidos fueron tomados, con alguna edición, de artículos, capítulos y ponencias producidos a lo largo de mi trayectoria en la universidad, de lo cual se da cuenta en las referencias integradas al final. Aprovecho para reconocer y agradecer el acompañamiento de compañeros coautores a lo largo de la experiencia institucional.

Si bien la introducción presenta los principales supuestos teóricos que sustentan la selección de los episodios; el epílogo permite, por una, parte elaborar algunas reflexiones conclusivas; y por otra, explorar un acercamiento hacia los rasgos generales de las políticas de educación superior contenidas en el futuro más próximo.

LA FUNDACIÓN

1. INSTITUCIONES ANTECEDENTES

A diferencia de otras Universidades públicas estatales, la de Tamaulipas no fue producto de una etapa evolutiva de sus institutos literarios ya que estos tuvieron una trayectoria histórica diferente (Flores Méndez Y., 2019). En esta entidad federativa fueron dos: el Instituto Literario de San Juan y el Instituto Literario de Tamaulipas. El primero con sede en Matamoros, fundado en 1858, llegó a impartir la carrera de abogacía, pero cerró sus puertas en 1913, durante el proceso revolucionario en contra del régimen de Porfirio Díaz; el segundo, creado en 1883 en Ciudad Victoria, llegó a impartir cursos para las carreras de abogado, de escribano y de ingeniero hidrógrafo, pero también los suspendió durante el movimiento armado. Este instituto trascendió el período de la revolución con estudios de normal y preparatoria, sin carreras superiores, conservándose así hasta mediados del siglo XX, en que se separa en dos escuelas diferentes, por una parte se establece la Escuela Normal Federalizada de Tamaulipas; y por otra, la Preparatoria Federalizada. Las trayectorias de ambas instituciones serán, hasta la fecha, paralelas a la trayectoria de la Universidad.

Hacia 1929 se funda una escuela de Enfermería en el Puerto de Tampico y hacia finales de la década de los años treinta, se crea la institución que sentaría las bases del actual Instituto Tecnológico de Cd. Madero, cuya principal misión era la de formar al personal que supliría a los técnicos extranjeros tras la expropiación petrolera. Otras importantes instituciones educativas que existían en la entidad antes de la creación de la Universidad, fueron los Seminarios de Tampico y Matamoros, la Normal Alfredo E. Uruchurtu, la Preparatoria Tampico, la Escuela de Agricultura del Estado de Tamaulipas (Tamatán). De tal manera que durante la primera mitad del siglo XX, aquellos jóvenes tamaulipecos que deseaban realizar estudios superiores deberían hacerlo en otras entidades del país o en el extranjero, según sus posibilidades socioeconómicas.

Fue hasta septiembre de 1950 que, a iniciativa de un grupo de personas organizadas bajo la razón de "Educación Profesional de Tampico A. C." promovieron la creación de las Escuelas de Derecho y Medicina en dicho puerto. Sus gestiones permitieron que en un par de meses la legislatura estatal expidiera un decreto que las declaraba "escuelas oficiales del estado". Tanto en el estado de Tamaulipas, como en el gobierno federal, las condiciones estaban dadas para que las gestiones llevadas a cabo vieran fructificados sus esfuerzos.

2. LAS CONDICIONES ESTABAN DADAS

Durante la primera mitad del siglo XX, los jóvenes tamaulipecos que deseaban estudiar carreras profesionales como medicina, derecho o algunas ingenierías, tenían que dirigirse a otras ciudades del país, especialmente a la Cd. de México; pero las familias veían con cierta preocupación que tanto la Universidad Nacional como el Politécnico pasaban por conflictos los cuales, si bien tenían motivaciones muy particulares, también expresaban las problemáticas relacionadas con los procesos de construcción de un nuevo modelo de desarrollo nacional.

Sin restar méritos a los actores que promovieron su creación, la Universidad nace en correspondencia con las nuevas demandas de la clase media en expansión como efecto de un modelo desarrollista que buscaba desconcentrar el crecimiento industrial y urbano en distintas localidades del país. En la orientación general de este proyecto, se otorgaría una mayor prioridad a la formación de profesionistas liberales que participen con inmediatez de la actividad económica, que a la formación de personas en las áreas de las humanidades y las artes. En este espíritu, es entendible también que la función de investigación sería realizada cuando se tratase de investigación aplicada o de desarrollos tecnológicos, orientación que aún a la fecha tiene gran peso.

Ya existía en el país una voluntad política para la creación de universidades, como dato importante, desde la presentación de motivos que acompañó al nuevo proyecto de ley de la Universidad Nacional, el presidente Ávila Camacho mencionaba que: "El calificativo de 'nacional', que la universidad reivindica, será para ella a la vez una ejecutoría y un compromiso. Su tradición lo demanda y no encuentro motivo para negárselo en momentos en que proyectamos crear diversas universidades nacionales en los estados, capaces de absorber a la población escolar de sus territorios, de distribuir equitativamente los beneficios de la educación superior y de evitar una centralización excesiva en la capital" (Marquez, 1976). Por cierto que, por la precipitación de algunos acontecimientos, la citada ley de autonomía de 1929 fue firmada por el tamaulipeco Emilio Portes Gil en su calidad de presidente interino.

Al iniciar el sexenio de Miguel Alemán las relaciones entre el gobierno federal y la Universidad Nacional vieron efectivamente disminuidas las líneas conflictivas y deterioradas durante el cardenismo. La canalización de inversiones del gobierno alemanista hacia la UNAM, para la construcción de Ciudad Universitaria, materializaban un nuevo concepto de universidad y también un nuevo proyecto de educación superior en el que el ascenso de la clase media desempeñaría un nuevo papel congruente con el despegue industrial de distintos polos regionales.

La fundación en Tampico de las escuelas de Medicina y Derecho, y la posterior creación de la universidad tenía como telón de fondo "la expansión de la planta industrial, apoyada en la estrategia proteccionista de sustitución de importaciones y el desarrollo asociado de la banca y los servicios fueron multiplicando los puestos técnicos y administrativos de dirección" (Fuentes, 1983, pág. 49) además de la correspondiente expansión diversificada de la estructura del aparato gubernamental y sus ramales sectoriales. Un período en el que se ampliaron grandemente las oportunidades laborales para profesionistas y técnicos. Se hacía necesario contar con más instituciones formadoras:

> "En 1940, entre quince y veinte mil estudiantes de licenciatura asisten a la Universidad Nacional, a seis instituciones públicas del interior y al naciente IPN. Para 1950, la matrícula es del orden de cuarenta mil, nacen los primeros Institutos Tecnológicos Regionales, se crean cinco universidades públicas en los estados y las instituciones privadas de élite, el Tecnológico de Monterrey y la Universidad de Guadalajara, están firmemente implantadas. Para 1960, la matrícula llega a ochenta mil, surgen trece universidades en los estados y la red de tecnológicos regionales se extiende a nueve". (Fuentes, 1983, pág. 49)

Es en este contexto en el que, citando a Guevara Niebla:

> "... A fines de los años cuarenta y principios de los cincuenta se inició una ampliación del sistema de

> enseñanza superior sobre la base de crear nuevas universidades de corte liberal al estilo de la UNAM. Estas universidades fueron creándose a nivel de los estados, sin coordinación ni planificación ninguna y, en algunos casos, como producto del capricho personal de los gobernantes locales que aspiraban a consagrarse en la historia de la cultura dotando a su localidad de un *Templo del Saber*." (Guevara, 1983, págs. 133-134).

Había en el país amplias condiciones de viabilidad para la creación de nuevas instituciones, por lo que la gestión gubernamental, apoyada por la iniciativa de la sociedad civil, tanto tampiqueña como victorense, vio coronadas sus gestiones para favorecer especialmente a las clases medias de Tamaulipas.

3. DIPUTADO Y RECTOR

El primero de febrero de 1956 marca la fecha en que la Legislatura del Estado de Tamaulipas expidió los decretos que formalizan la creación de la Universidad de Tamaulipas; la institución inició sus actividades académicas teniendo como Rector al Lic. Isaac Sánchez Garza, quien fuera designado con carácter provisional por el Gobernador del Estado Lic. Horacio Terán. (Zorrilla, 1993, pág. 17), el mismo que unos meses antes hubo firmado el decreto XLII-156 de la Ley Constitutiva de la Universidad, en su carácter de Diputado presidente del H. Congreso del Estado (Congreso del Estado de Tamaulipas, 1956).

Por la naturaleza de este encargo tan singular, el Licenciado Sánchez Garza debió haber sido de toda la confianza del gobernador; y no falló, con un subsidio de casi 50 mil pesos, para el 5 de septiembre de ese mismo año, las oficinas de la rectoría, ubicadas en el entonces Teatro del Estado, estuvieron abiertas para recibir "todas las inscripciones que sean solicitadas" (El Diario de Ciudad Victoria, 1956)[1]. Sin embargo, poco después vinieron algunas tensiones.

En el contexto de las discusiones sobre el presupuesto llevadas a cabo en el seno del congreso, el Diputado y Rector solicitó un incremento al subsidio universitario, solicitud que en un principio le fue negada por el ejecutivo; por lo que, en los primeros meses del siguiente año, el mismo rector convocó a una manifestación para exigir un nuevo presupuesto por cien mil pesos.

La convocatoria para la manifestación fue abruptamente suspendida y el presupuesto solicitado fue otorgado, pero la rectoría de la naciente

---

[1] "Las oficinas de la Rectoría universitaria están ubicadas en el Teatro del Estado, donde se recibirán a partir de hoy todas las inscripciones que sean solicitadas (...) y para poner a funcionar la Facultad de Ciencias Químicas se espera que el número de solicitantes sean suficientes; por lo que hace a la Normal Superior se estima que el magisterio que ya se encuentra laborando será el elemento humano que se registre". El Diario de Ciudad Victoria, miércoles 5 de septiembre de 1956.

universidad fue rápidamente asumida por el Doctor Rodolfo Gil Zayas, con el encargo de preparar la transición. El doctor era primo de Emilio Portes Gil (Salazar González, 2020), quien después de haber dejado la presidencia de la república continuó, hasta su muerte en 1978, siendo un actor influyente en la política nacional y por supuesto en la estatal.

Quizás la negativa inicial sucedió porque en el contexto nacional, pero particularmente en el estatal, se expresaban diversas negociaciones respecto a la participación de la federación en el financiamiento educativo de los estados, en correspondencia con un proceso iniciado e impulsado por Portes Gil desde el Maximato y continuado hasta 1956 (Flores Méndez Y., 2022).

En diciembre de 1957, el rector encabezó la comisión universitaria que entregó un premio de mil quinientos pesos a Celestina Medina, viuda del recién fallecido licenciado Gonzalo Mercado Cerda, ganador del certamen para seleccionar el lema de la Máxima Casa de Estudios. El jurado calificador seleccionó el título original "Probidad-Belleza-Verdad", que con el tiempo sería cambiado por "Verdad-Belleza y Probidad."

Gil Zayas ocupó la Rectoría de la Universidad de Tamaulipas (30 de marzo de 1957- 18 de enero de 1958.) En ese breve lapso creó en Ciudad Victoria las escuelas de Veterinaria y Trabajo Social. De igual manera, en Tampico fue fundador y durante varios años profesor de la Escuela de Derecho y Medicina. En esta última tuvo a su cargo la cátedra de Patología y Clínica del Aparato Respiratorio (Ramos Aguirre, 2023).

El doctor Gil Zayas cumplió su cometido con la organización de la transición, la cual ocurrió al finalizar ese mismo año de 1957, ya que el siguiente fue iniciado por el Licenciado Roberto Elizondo Villarreal, quien estuvo en el cargo por un período de cinco años (de marzo 1958 a febrero de 1963), casi el sexenio completo del gobierno del doctor Norberto Treviño Zapata.

Durante este período la universidad tuvo un crecimiento sostenido, la duración del rector permitió ver egresar como profesionistas a quienes unos años antes habían ingresado como estudiantes de las escuelas de Derecho y Medicina en Tampico. Por cierto, que algunos de ellos, paulatinamente se vieron reclutados como profesores de las siguientes generaciones.

El siguiente rector, el licenciado Natividad Garza Leal recibió una institución con cinco facultades, cinco escuelas, dos preparatorias y un presupuesto de casi cuatro millones de pesos, además del Instituto de Investigaciones Históricas y el Museo de Arqueología, Antropología e Historia (Zorrilla, 1993). Coincidentemente, el rector Garza Leal inició funciones casi en la misma fecha que el gobernador entrante Praxedis Balboa Gójon.

4. UN MODELO NAPOLEÓNICO

Los primeros artículos de la Ley Constitutiva prevén un modelo de universidad. En el Artículo 1° se expresa que "Se constituye la Universidad de Tamaulipas como una corporación pública, con personalidad jurídica, gobierno autónomo y patrimonio libremente administrado, para los fines que le fija esta Ley" (...). El Artículo 2° le encomienda "el servicio público relativo a la conservación, investigación y difusión de la cultura, la ciencia y la técnica, a la enseñanza de las profesiones y a la difusión de los conocimientos y de las expresiones artísticas, entre la población general". El Artículo 3° expresa que "se integrará con las Facultades, Escuelas, Institutos y Departamentos que se requieran..." (Zorrilla, 1993; Congreso del Estado de Tamaulipas, 1956). Además, este mismo artículo permite que la Universidad pueda crear o incorporar las Escuelas, Facultades, Institutos y Departamentos que juzgue convenientes.

Menciona así mismo que "No obstante su carácter disperso... será una institución uniforme y coherente, mantendrá estrecha relación entre sus miembros y procurará unificar el espíritu universitario para el mejor cumplimiento de sus fines" (Congreso del Estado de Tamaulipas, 1956). Por cierto que el término "disperso" no parece ser el más adecuado, alude a la separación de miembros de algo que estuvo unido, pero en este caso eso no fue así; también da la impresión de que se trata de elementos que de manera azarosa se ubican en distintas partes de un territorio, pero tampoco fue por azar, sino por construcciones históricas que definieron regiones; tampoco el término "desconcentrado" funcionaría, porque se trata de elementos que nunca estuvieron concentrados; tal vez el término "diseminado" podría funcionar mejor, pero bueno, el legislador utilizó "carácter disperso" por alguna razón discursiva que por ahora no podemos dilucidar.

Se puede advertir, con cierta claridad, que se trata de una propuesta organizacional similar a la estructura de L'Institute de France creado por Napoleón I, consistente en un conjunto de instituciones para la enseñanza de las profesiones diseminadas por el territorio, pero reguladas centralmente. Este modelo "napoleónico" se instala en México cuando, en 1833, es cerrada la Real y Pontificia Universidad. Durante todo ese tiempo, la enseñanza de las profesiones se llevó a cabo a través de distintas escuelas o centros educativos (institutos) que en 1910 serían legalmente agrupados, pero conservando sus propias dinámicas, bajo el nombre de Universidad Nacional. Cuando se atribuye a Porfirio Diaz la creación de la Universidad Nacional, se debe tener en perspectiva que lo único que hizo fue un decreto para fusionar instituciones que ya existían.

El modelo napoleónico, de acuerdo con algunos autores (Silva & Sontag, 1970), tiene como principales rasgos el profesionalismo y la desconcentración y con el tiempo se constituyó en el modelo predominante en México. Hasta la fecha, en esta universidad no hay facultades o programas dedicados a las ciencias o a las disciplinas puras, como Matemáticas, Física, Química, Filosofía. Aquí se enseñan profesiones y ciencias aplicadas.

5. LAS ESCUELAS FUNDACIONALES

Pero volviendo al tema, el Artículo 4º de la Ley Orgánica es muy puntual al especificar que "la Universidad se integrará con las siguientes Instituciones: Facultad de Medicina, Facultad de Derecho, Facultad de Odontología, Escuela de Enfermería y Obstetricia, Escuela Normal y Preparatoria de Tampico y Escuela Preparatoria y Escuela Normal de Ciudad Victoria. Se procederá a crear las siguientes Dependencias: Escuela Normal Superior, Facultad de Ciencias Químicas, Escuela de Agricultura y Ganadería, Escuela de Comercio y Administración, Departamento de Extensión Universitaria, Biblioteca General y Bibliotecas Regionales de la Universidad" (Congreso del Estado de Tamaulipas, 1956).

Esta integración por decreto de escuelas y facultades independientes, y la creación de algunas otras, diseminadas por el territorio tamaulipeco, da también a esta Universidad un elemento distinguible de otras por no localizarse en un solo *campus*, sino en siete localidades urbanas y, en algunos casos, hasta en distintos inmuebles de las mismas ciudades. Adicionalmente, esta integración de escuelas independientes permite también explicar en parte una tradición, que en la cultura organizacional universitaria otorga *–de facto—* una cierta autonomía relativa a sus facultades y unidades académicas, para decidir sobre algunos aspectos, por ejemplo, los relacionados con la actualización de sus planes de estudio. Aspectos que, en otras universidades públicas, para su aprobación, deben ser sometidos hasta los órganos centrales más altos, como en el caso de la UNAM.

Pero volviendo a la segunda mitad de la década de los cincuenta, cuando inició la Universidad, no se crearon las Escuelas de Odontología y Ciencias Químicas, como lo estipulaba la Ley Orgánica, sino hasta después de más de diez años. Las que tampoco se integraron fueron las Normales y Preparatorias de Ciudad Victoria y Tampico, ni se creó la

Normal Superior, como tampoco se instaló una biblioteca central y sus bibliotecas regionales.

Para el caso de las Normales, es entendible que administrativamente dependieran de los aparatos gubernamentales que administran la educación básica y además controlan la contratación de los profesores egresados de estas escuelas; pero en el caso de las preparatorias, muchas de estas dependen de Universidades públicas. Como en el caso de la misma Universidad de Tamaulipas, pero años más tarde. La fuerza de los movimientos sociales de aquella época puede ofrecer elementos que permitirán elaborar explicaciones posteriores.

La implementación de un nuevo modelo de desarrollo en el país, con su consecuente propuesta educativa e ideológica, no estuvo exenta de problemas. "En el período 1940-1956 se desarrollaron luchas estudiantiles en las cuales los jóvenes defendieron sus centros de educación popular contra una política educativa que amenazaba con destruirlos o, por lo menos con transformarlos despojándolos de su esencia nacionalista y popular" (Guevara, 1983, pág. 135).

En el Estado de Tamaulipas se expresaban también ciertas resistencias hacia el nuevo proyecto de la unidad corporativista del alemanismo; las resistencias podían venir "desde la defensa de las tendencias e inercias del sistema, que no ofrecen alternativas para el futuro, sino miradas lánguidas al pasado como fuente de inspiración" (Ornelas, 1995), pasando por los enclaves de una acendrada herencia corporativista del portesgilismo, hasta las posiciones que más radicalmente defendían y promovían el proyecto del cardenismo.

Las luchas magisteriales de la década de los cincuenta fueron también una expresión del reacomodo de fuerzas que trajo consigo la instalación del nuevo proyecto de nación. Es de destacar la participación activa en los planos nacional y estatal de un grupo de maestros cuyos puntos de encuentro se localizan tanto en la Escuela Normal del Estado como en la Escuela Normal Rural de Tamatán.

Fueron las mismas autoridades de las escuelas normales y preparatorias de Victoria y Tampico quienes se resistieron a la inclusión de estas instituciones a la naciente Universidad. Las de Tampico eran instituciones privadas y no tenían interés de convertirse en públicas, mientras que las de Victoria ofrecían cierta resistencia al nuevo proyecto de nación. El origen y trayectoria de estos maestros, con relaciones académicas, laborales y políticas por todo el Estado, así como con otros grupos y líderes magisteriales de la capital, pudieron estar de acuerdo en que se fundara la Universidad, incluso participaron activamente en esta gestión, pero no necesariamente estaban de acuerdo en que las Normales y Preparatorias se incluyeran en esta.

De hecho, en una entrevista periodística realizada al Dr. Norberto Treviño Zapata, aún como candidato a la gubernatura del Estado, un reportero preguntaba:

- "Sobre la autonomía de la Preparatoria del Estado, ¿no sufrirá menoscabo? Siendo la Preparatoria del Estado la principal fuente de donde habrá de salir el alumnado para la Universidad, ¿Qué proyectos tiene para ampliarla y mejorarla? ¿Será construir otra Preparatoria en virtud de que la que hay no quiere depender de la Universidad?
- "No creo que sea necesario que la Escuela Preparatoria pierda su autonomía, los alumnos por si mismos al satisfacer sus aspiraciones culturales irán a las aulas universitarias. Ahora bien, dentro del programa de satisfacción de las necesidades escolares, se tomará muy en cuenta lo que se requiere en la Escuela Preparatoria del Estado, merecedora de ayuda material y moral, decidiendo las medidas que procedan para mejorarla (Treviño Zapata, 1956).

Tanto en Victoria como en Tampico, las escuelas preparatorias estaban ligadas a sendas Escuelas Normales, esto es un hecho. Lo es también el que estas instituciones no hayan sido finalmente incluidas a la Universidad, aunque todavía para el mes de agosto de 1956 se esperaba la creación de la Normal Superior en la Universidad, de acuerdo con una nota periodística de la época. Ya en octubre del mismo año, un columnista mencionaba que no había inscritos en la Normal Superior porque "para sustentar las cátedras hacen falta maestros especializados de esos que no se dan por estas latitudes y ante esta perspectiva tan poco alentadora, no hay ningún maestro que se atreva a sentarse en los banquillos de la escuela adoptando aires de ingenuo colegial para recibir lecciones de otro mentor con igual o inferior preparación que él" (Ruiz Molina, 1956).

No se han encontrado aún evidencias sobre la falta de demandantes como obstáculo para la apertura de la Normal Superior, pero en todo caso una nueva línea de indagación la constituyen las razones por las que ni esta, ni las preparatorias y normales quedaran incluidas; se podría suponer que la resistencia fue por tener otro proyecto distinto para las Escuelas Normales.

Un mes después de iniciados los cursos, en octubre de 1956, ya como parte de la Universidad, se creó la Facultad de Comercio y Administración de Nuevo Laredo; en ese mismo mes fue creada la Escuela de Enfermería y Obstetricia de Ciudad Victoria; mientras que en noviembre del mismo año se funda la Facultad de Ingeniería en Tampico.

Un año después, en septiembre de 1957, por iniciativa del nuevo Gobernador Dr. Norberto Treviño Zapata se funda la Escuela de Trabajo Social; un mes más tarde se funda también la Facultad de Medicina Veterinaria y Zootecnia, ambas en Ciudad Victoria. En 1961 el doctor apoya la creación de la Escuela de Enfermería de Matamoros. En 1963 y 1964 se crean en el seno de la Universidad dos escuelas preparatorias, en Valle Hermoso y en Cd. Mante, respectivamente; en 1964 se crea también otra Escuela de Enfermería en Nuevo Laredo.

Al iniciar 1967, como uno de los resultados del movimiento de la autonomía, se incluye a la Facultad de Agronomía de Ciudad Mante y a la Facultad de Comercio y Administración de Tampico, la cual años atrás había funcionado de manera incorporada a la UNAM. En octubre del mismo año se crean las Facultades de Comercio y Administración, así como Agronomía en Cd. Victoria. También se crea en este año la Facultad de Derecho y Ciencias Sociales de Ciudad Victoria, pero su inclusión a la Universidad será hasta finales de 1972. Al iniciar la década de los setenta se fundará otra generación de facultades, sobre la cual nos ocupamos más adelante.

6. TOMAR A LA UNAM COMO MODELO

El artículo segundo de la Ley Orgánica de 1956 dice puntualmente que "Los sistemas de enseñanza y planes de estudios, así como los procedimientos pedagógicos, se uniformarán en lo posible, con los de la Universidad Nacional Autónoma de México" (Congreso del Estado de Tamaulipas, 1956). Más allá de una posición colonialista, que recuerda a la creación, siglos atrás, de la Real y Pontificia Universidad de México y su aspiración a uniformarse con la Universidad de Salamanca, se debe considerar el contexto en que esto sucede.

El clima político e ideológico al finalizar la década de los cuarenta y la crisis por la que recientemente habían cruzado las grandes instituciones de educación superior del Distrito Federal, explicaban las razones por las que la legislatura de Tamaulipas pusiera especial énfasis en que tanto las escuelas de Derecho y Medicina creadas en 1950, como posteriormente la Universidad, se ajustaran a los planes y modelos pedagógicos de la UNAM.

Terminada la Segunda Guerra Mundial, se inició un período que la historia registra como la Guerra Fría. Hacia 1946, Winston Churchill y el presidente Truman coincidían en establecer una alianza entre Inglaterra y los Estados Unidos para detener el avance del comunismo encabezado por la Unión Soviética. Especialmente esta Unión de Repúblicas, junto con los Estados Unidos de América, se erigían como líderes de dos grandes bloques económicos mundiales y también como los paladines para detener cualquier intento de intervención de su contrincante en el resto de los países del mundo. Así, se iniciaba una carrera de armamentismo nuclear como medida de disuasión mutua; durante varias décadas la detonación de la bomba atómica desde uno u otro lado era una preocupación recurrente.

Al finalizar la década de los cuarenta, en los Estados Unidos, la legislatura norteamericana aprobó una iniciativa presentada por el Senador Joseph McCarthy para que se emprendiera una cacería y encarcelamiento de intelectuales, artistas y obreros de izquierda para detener el avance de posibles simpatizantes del comunismo. Todavía durante la década de los cincuenta, con cargos como los de "promover ideas extranjerizantes", o por "cosmopolitanismo desarraigado", fueron encarceladas miles de personas, especialmente profesores universitarios.

Tal era el clima de persecución, que la Asociación de Universidades Americanas, a través de un manifiesto elaborado por un comité dirigido por el Presidente de la Universidad de Yale, declaraba que "la principal amenaza a la libertad académica era el comunismo mundial". A la universidad se le describía como "una asociación de académicos (...) unidos con lealtad al ideal de aprender, a un código de moral, al país, y a su forma de gobierno". Se añadía también que "la libre empresa es tan esencial al progreso intelectual como al progreso económico" (Montgomery, 1997).

En México también se combatía al comunismo en esa época. Si bien, ya desde mediados de los años treinta la Universidad Nacional había decidido — como desenlace de la polémica entre Vicente Lombardo Toledano y Antonio Caso— no privilegiar la enseñanza del marxismo en los planes de estudio de la institución, durante la década de los cuarenta se continuaban combatiendo las ideas socialistas promovidas durante el Gobierno de Cárdenas, transformándose la redacción del Artículo tercero constitucional y cancelándose la edición de libros de texto gratuitos, buscando intercambiar el concepto de "lucha de clases" por el de "unidad nacional".

Durante la década de los cuarenta y todavía durante los primeros años de la década de los cincuenta, las máximas instituciones de educación superior del país se encontraban en una convulsión constante. Primero, la Universidad Nacional se había convertido en una arena de disputas en la que dos grandes y polarizados bandos se enfrentaban. Un bando apoyaba la reforma de los planes de estudio y la reorganización institucional para favorecer mayormente a la investigación a que el pensamiento moderno convocaba, y el otro bando, en el que se incluía el Rector Rodolfo Brito, que se oponía a los cambios.

Hacia 1944 y como el conflicto se radicalizaba cada vez más, el presidente Ávila Camacho propuso que los ex-rectores de la casa de estudios designaran a un nuevo Rector con facultades para integrar un Congreso Universitario Constituyente que formularía una nueva Ley Orgánica.

El elegido para dirigir a la Universidad fue Alfonso Caso (hermano de Antonio, el de la polémica con Lombardo Toledano y colaborador de Torres Bodet en la Secretaría de Educación Pública) y de inmediato se abocó a cumplir con sus tareas respecto a producir un proyecto de nueva Ley Orgánica para que el presidente la enviara al Congreso de la Unión para su aprobación. Este proyecto de ley, además de que contemplaba la reforma a la Universidad, ratificaba su carácter *nacional* y la definía como organismo *descentralizado* del Estado.

También en este contexto, apegarse al modelo de la UNAM, significaba apegarse a un modelo académico que garantizaba la exclusión del privilegio del marxismo, pero también significaba participar del desmantelamiento del proyecto socialista del cardenismo para apegarse al nuevo proyecto de la unidad nacional y del capitalismo industrial.

En las instituciones del proyecto cardenista, reinaba gran descontento. En 1950 los estudiantes del Instituto Politécnico Nacional declararon una huelga para exigir, además de la destitución de su director general y de un incremento en su presupuesto un conjunto de reformas a la orientación, organización y planes de estudio de sus programas.

Durante los primeros años de la década de los cincuenta se presentaron distintos movimientos magisteriales en los estados, así como también de los telegrafistas, de los ferrocarrileros y de los telefonistas; en 1955 los estudiantes de la escuela Superior de Agricultura Antonio Narro se lanzaron en huelga contra el Plan Truman que intentaba introducir un modelo norteamericano para la formación de especialistas en problemas del campo. En enero de 1956, días después de decretarse la creación de la Universidad de Tamaulipas, la Federación Nacional de Estudiantes Técnicos (FNET) se reunió para producir un conjunto de demandas cuya desatención produjo, en marzo del mismo año, una huelga a la que se sumaron la Escuela Nacional de Maestros, la Escuela Normal Superior, las escuelas Secundarias de Enseñanzas Especiales, las Escuelas Normales Rurales, las escuelas Prácticas de Agricultura, los Institutos tecnológicos de los estados, la Universidad Michoacana de san Nicolás de Hidalgo y la Universidad de Guadalajara (Mendoza Patiño, 1984). Meses más tarde, el 23 de septiembre, el ejército irrumpe violentamente en el Politécnico para cerrar simbólicamente un proyecto nacional e inaugurar el ciclo del "desarrollo estabilizador". Es en este contexto en el que en 1956 el Gobierno del Estado decreta que la creación de la Universidad de Tamaulipas tome como modelo a la UNAM, no por razones académicas, sino ideológicas.

7. LAS DOS AUTONOMÍAS

Durante los primeros diez años de su existencia la Universidad adoptó los planes de estudio de las licenciaturas de la UNAM, pero en 1967 se abre la oportunidad de introducir algunos ajustes, al cambiar los planes de estudio de una dosificación y calendarización anual a una semestral. Hecho que por cierto trajo consigo un conflicto de resistencia estudiantil, cuyo movimiento de huelga tuvo una duración mayor a la del movimiento de autonomía. Mientras que este último tuvo una duración de 21 días (del 21 de febrero al 15 de marzo), aquél tuvo una duración de 82 días, entre el 23 de octubre y el 22 de diciembre (Hernández: 2000). El conflicto contra el plan semestral culminó con la destitución del Rector Francisco A. Villarreal, así como con algunos funcionarios de Servicios Escolares. Con excepción de la Facultad de Derecho, el resto terminó por adoptar el plan semestral.

Por considerar que la autonomía de esta institución contiene características jurídicas que la hacen distintiva de otras, nos permitimos destacar una relatoría de su evolución. Lo que los estudiantes iniciaron mediante el triunfo de su movimiento de huelga en 1967, reseñado con mucho cuidado y compromiso por Hernández Chávez (2000), fue siendo completado con la participación sucesiva de otros universitarios igualmente comprometidos con los ideales de autodeterminación de la institución.

Actualmente se entiende la autonomía como la capacidad jurídica que las universidades poseen para decidir por sí mismas sobre asuntos relacionados básicamente con tres aspectos: la organización de sus planes y programas académicos, de investigación y difusión o servicio universitario; las decisiones sobre sus formas de gobierno y designación de autoridades; y las decisiones sobre la distribución y utilización de sus recursos y patrimonio (Navarro y Martínez: 1982). Sin embargo, como se verá más adelante, un alcance mayor de esta autonomía permitirá que esta institución tenga también capacidad para formular su propia legislación, aspecto éste del que no todas las universidades mexicanas gozan cabalmente.

En la Ley Orgánica de la Universidad, surgida junto con el decreto que da origen a la institución en 1956, se establecía que el máximo órgano de gobierno es la Asamblea Universitaria, integrada con representantes elegidos por profesores y estudiantes de escuelas y facultades. La Asamblea podía designar al Rector, eligiendo de una terna enviada por el Gobernador.

Había un Patronato, integrado por once miembros, que la primera vez fueron designados por el Gobernador y posteriormente, cuando alguno de ellos faltara, el resto de los miembros podía designar a los sustitutos; su función principal era la de formular el presupuesto, vigilar su gasto y todo lo relacionado con la utilización del patrimonio; además tenía derecho de vetar decisiones de la Asamblea y del Rector, cuando importaran gastos no presupuestados.

Con respecto a decisiones sobre organización de planes y programas de estudios, las decisiones eran competencia de la Asamblea Universitaria. La creación de nuevas carreras requeriría de previa formulación y aprobación de presupuestos a través del Patronato, una vez que este contara con la seguridad de subsidios suficientes.

No se debe olvidar que todo esto sucedía en un contexto nacional conflictivo. Comenta Guevara Niebla (1983:147) que "entre 1959 y 1968 se observa en el país un claro proceso de endurecimiento político del Estado, una aguda tendencia hacia la concentración del poder y a la intolerancia oficial para con toda fuerza que no estuviese incorporada a la 'familia revolucionaria'.

En este espíritu, hacia 1964, el Congreso tamaulipeco modifica la Ley Orgánica para que sea el Gobernador quien designe y remueva a los miembros del Patronato, además de que le quita algunas atribuciones, relacionadas con la utilización de recursos, para pasarlas al Rector y a la Asamblea Universitaria. Sin embargo, persiste la facultad del Gobernador para enviar a la Asamblea Universitaria, la terna de la cual se tendría que elegir al Rector.

Hacia la segunda mitad de la década de los sesenta, la incidencia de varios factores provocó un movimiento estudiantil que desembocó en una huelga que a la postre resultó de gran trascendencia para la Universidad. En primer lugar, en el país se experimentaba una atmósfera de franco autoritarismo en el que la disidencia y la pluralidad eran brutalmente reprimidas, por lo que a lo largo y a lo ancho se incrementaban los movimientos de protesta en los que destacaba la insurrección estudiantil, que en todo momento era calificada de "extranjerizante" y "comunista".

Los estudiantes de Guerrero en 1961, los de la Universidad de Puebla en 1962, los de la Michoacana de San Nicolás de Hidalgo y de la UNAM en 1963, nuevamente los de Puebla en 1964 demandaban reformas estructurales a sus universidades. En 1965 estalló el movimiento médico nacional que trajo consigo una huelga de todas las facultades de medicina del país y al que se le sumaron, en solidaridad, muchos otros centros escolares. En 1966, los estudiantes de Sinaloa conquistaron la autonomía de su Universidad y los movimientos estudiantiles proliferaban en varios estados. En 1967, los estudiantes de Sonora también se lanzaron a la huelga en demandas de reformas a la Universidad, meses después también los de la escuela privada de agricultura Hermanos Escobar de Cd. Juárez y luchaban por su incorporación al Estado, se sumaron al movimiento otras escuelas de agricultura incluyendo a Chapingo.

En segundo lugar, en Tamaulipas, hacia 1966 se establece un impuesto del 5% de las contribuciones fiscales para apoyo a la educación superior, de cuya importante recaudación los estudiantes piden cuentas al iniciar 1967, levantando la voz en vísperas del cuarto informe del gobernador Praxedis Balboa. Vino la detención de dirigentes estudiantiles (a quienes obviamente se les calificaba de "comunistas") y con ello una mayor movilización estudiantil.

En tercer lugar, se acercaba el término de la gestión del Rector Garza Leal, quien recientemente había tenido algunas discrepancias con elementos del gabinete de Praxedis Balboa y gozaba de alta estima entre estudiantes y profesores, por lo que todo apuntaba hacia su reelección. Sin embargo, el día en que la Asamblea Universitaria se reunió para decidir, el Rector Garza Leal no formaba parte de la terna propuesta por el Gobernador y mayoritariamente los asambleístas votaron a favor del Lic. Francisco A. Villarreal, quien ciertamente era profesor de la Universidad, aunque al parecer no gozaba de simpatías suficientes entre el alumnado. En ese momento el Licenciado Villarreal era el Oficial Mayor de Gobierno, por lo que la decisión tomada por la Asamblea fue considerada como una manipulada y desafiante imposición del Gobernador.

Explosivamente, el movimiento estudiantil creció sumándose a este los estudiantes de secundarias, preparatorias y escuelas superiores de distintas ciudades del estado. También se fueron sumando banderas y puntos al pliego petitorio de la huelga de los estudiantes, además de la solicitud de rendición de cuentas al Patronato y de la destitución del nuevo Rector, se sumaba la incorporación de otras escuelas a la Universidad, pero la petición más importante era la autonomía universitaria.

El movimiento estudiantil se va complicando y tomando fuerza con su paso y sus vicisitudes. Como resultado del conflicto, el 11 de marzo de 1967 se expide un decreto que reforma la Ley Constitutiva y que cambia el nombre de Universidad de Tamaulipas, por el de Universidad Autónoma de Tamaulipas; se expide también otro decreto que reforma su Ley Orgánica, en la que aparece un nuevo órgano directivo, la Junta de Gobierno. Entre sus funciones estaban la de nombrar y remover al Rector y a los directores de Escuelas y Facultades, designar a los miembros del Patronato y los primeros miembros de esta Junta serían designados por la Asamblea Universitaria. Así, la designación de autoridades quedaba resuelta por la propia Universidad, sin la intervención (al menos formalmente) del gobernador. Esta nueva Ley contemplaba también la incorporación de las escuelas solicitadas en el pliego petitorio.

En el país se generalizaban las tensiones entre los estudiantes del Politécnico y la UNAM con el gobierno de Gustavo Díaz Ordaz, recrudecidas a partir de la represión militar a un conflicto entre preparatorianos, si bien en el mundo había ya un clima de malestar expresado por los movimientos urbanos, la revolución sexual y feminista, los movimientos de contracultura, la lucha por los derechos civiles, el "mayo francés" y su lucha contra el autoritarismo y el consumismo capitalista.

Antes de la masacre del 2 de octubre de 1968, al clima de descontento se sumaron obreros, agricultores, empleados y familias, quienes se agregaron a las manifestaciones. En Tampico hubo expresiones de apoyo a este movimiento, hubo asambleas estudiantiles en el Tecnológico de Ciudad Madero y en el centro universitario de la UAT, a donde asistieron brigadas de estudiantes del Poli y de la UNAM a informar sobre el movimiento y explicar el pliego petitorio, se distribuyeron volantes que fueron publicados por un periódico llamado Noticiero Estudiantil, en el que también se publicó un poema titulado La Patria es un Botín, de Carlos González Salas y que previamente él mismo leyó en la explanada del centro universitario, en el marco de un concierto de rock en el que hubo discursos alusivos al movimiento y en el que entre otros grupos tocó Freddy Armstrong. Hubo también una nutrida marcha con consignas (únete pueblo únete) que partió del Cine Tampico hasta la presidencia municipal, en el que encima de un autobús se improvisó un foro para la intervención de varios oradores.

Después de la represión del 2 de octubre hubo manifestaciones de repudio hacia el gobierno, las pintas en los muros expresaban frases alusivas a las olimpiadas, conferencias en el aula magna de la UAT, como la del obispo Méndez Arceo, como la de Daniel Cosío Villegas. Posteriormente, la campaña de Luis Echeverría y su desfile por la Avenida Hidalgo flanqueado por los caballos de la policía rural estuvo llena de rechiflas y pegas con "libertad a presos políticos" que fueron incluso a dar hasta las ancas de los animales.

En ese clima político se desenvolvía el movimiento por la autonomía y en 1969, estando ya como Gobernador Manuel A. Ravizé, el Congreso expide la Nueva Ley del Patrimonio Universitario. La exposición de motivos de esta nueva Ley era muy clara al considerar que la Universidad es una comunidad de maestros y alumnos que rige su funcionamiento por un principio fundamental, que es la autonomía; la cual se describía como

- Con referencia a la Universidad, significa autogobierno, cogestión administrativa, independencia económica y libertad de cátedra; que son los órganos universitarios quienes deben administrar independientemente los fondos de la Universidad.
- Que en el proyecto (...) se estipula que los bienes de la Universidad deben ingresar a su patrimonio, siendo las propias autoridades universitarias las que deberán determinar el destino que deba dárseles.
- Que el Congreso estima que el espíritu de la Iniciativa, al hacer realidad la autonomía económica de la Universidad, base de la administrativa y docente, deja en manos de ella la responsabilidad del cumplimiento de sus finalidades y de participar en el desenvolvimiento económico y social de nuestro estado y de México

En estos términos se expedía la nueva ley y se completaba una fase más de la autonomía de la universidad tamaulipeca. Sin embargo, las cosas no llegaron hasta ahí, el 3 de octubre de 1972, el Congreso expide el Decreto No. 33, considerando que

> "..hemos afirmado y defendido siempre que la autonomía universitaria implica también responsabilidad y libertad legislativa, para que, con esa superioridad cultural que le pertenece, pueda darse, sin intervención de nadie, los instrumentos y mecanismos legales que respondan en forma objetiva a la realidad viviente y propicie su avance renovador en el destacado cumplimiento de su destino".

Este Decreto otorgaba a la institución una nueva dimensión, su autonomía legislativa. El Art. 5º. "...confiere a la Universidad Autónoma de Tamaulipas el derecho exclusivo para expedir su propio Estatuto Orgánico y para reformarlo y adicionarlo mediante el procedimiento que en el mismo se señale.

Adicionalmente, el Art. 6º instruye que "la Universidad Autónoma de Tamaulipas tendrá patrimonio constituido por los bienes que destine a sus finalidades los municipios, el estado y la federación, por los que ella adquiera por cualquiera de los medios legítimos y por el acrecentamiento de sus propiedades, capitales, posesiones y derechos. El estatuto Orgánico determinará los bienes que desde luego constituyen el patrimonio de la Universidad".

El decreto 34, expedido en las mismas fechas, reformaba al decreto 146 de 1967, para sustituir el nombre de "Ley Orgánica", por el de "Estatuto orgánico de la Universidad Autónoma de Tamaulipas". Con esto, la autonomía universitaria adquirió una dimensión integral. La Ley Orgánica se destruye a sí misma para dar a luz al Estatuto Orgánico.

8. TIEMPOS RECIOS

Los primeros años de la década de los setenta vieron llegar al nivel superior a las primeras oleadas de estudiantes provenientes de la ampliación de la base del sistema escolar generada por el llamado Plan de Once Años iniciado en 1959. Si bien este tuvo una fuerte base de planeación en sus inicios, su seguimiento sufrió debilidades en la previsión de sus efectos (Benveniste, 1970), de tal manera que de 1970 a 1975 la ANUIES generó una serie de acuerdos y documentos que contenían las principales definiciones de una "reforma de la educación superior"; por cierto que algunas de las propuestas de aquel entonces aún se están replanteando y asimilando como la flexibilización curricular, la evaluación externa y la acreditación.

Un estudio realizado en 1973 mencionaba, por ejemplo, que: "Ante el fenómeno irreversible de la expansión del sistema, las instituciones de educación superior asumen la responsabilidad de encausar este crecimiento de manera racional, a fin de que se atienda el crecimiento cuantitativo y simultáneamente se logren niveles de excelencia académica, abiertos a un constante perfeccionamiento".[2]

Las declaraciones de Villahermosa y Toluca (1971), Tepic (1972), Veracruz (1974), aportan diversos planteamientos, la mayoría de los cuales se recogen e integran en la Declaración de Querétaro (1975). Además, el estudio sobre las demandas de educación media y superior aprobado en 1973, de los Colegios de Ciencias y Humanidades, del Colegio de Bachilleres, del Sistema de Educación Abierta de la UNAM y de la Universidad Autónoma Metropolitana.

Correspondía a la Universidad Autónoma de Tamaulipas sumarse al proceso nacional, el paso de la ola expansiva de estudiantes subiendo

---

[2] *Asociación de Universidades e Institutos de Enseñanza Superior (ANUIES) 1950-1980.* Cuaderno de Intercambio Académico de la UNAM. Contiene una breve reseña histórica y los acuerdos y declaraciones de Villahermosa, Toluca, Tepic, Veracruz y Querétaro.

los peldaños del sistema escolar empezaba a encontrar una respuesta desplanificada en los cuellos de botella encontrados por los nuevos flujos, surgieron diversas preparatorias nocturnas, populares, así como instituciones particulares de educación superior.

Asumir los acuerdos de la ANUIES significó, para la Universidad Autónoma de Tamaulipas, un proceso institucionalmente doloroso, en el que se produjeron distintos y difíciles conflictos políticos, cuyo saldo arrojó, durante esos primeros cinco años de la década de los setenta, una sucesión de cinco rectorados inconclusos. No obstante, entre enero de 1971 y enero de 1973, el rector Eduardo Garza Rivas logró gestionar el apoyo de la ANUIES en la persona de Olac Fuentes Molinar, quien junto con Carlos Pallán Figueroa[3] apoyaron en la Comisión Legislativa encargada de diseñar el Estatuto Orgánico, que significaría una segunda autonomía para la UAT y que fuera aprobado por la Asamblea General Constitutiva la madrugada del 5 de noviembre de 1972, después de una serie de intensas sesiones (Hernández Santamaría, 2012). En esa misma sesión de la asamblea, pero aún durante la noche del día 4, entre gritos estudiantiles a favor y en contra, se aprobó la inclusión a la UAT, de la Escuela de Derecho de Victoria.

Por otra parte, en los grupos de dirección de la universidad se planteó la posibilidad de ampliar las posibilidades de educación superior ofrecidas en el Estado.

> "Al analizar esta posibilidad, se hizo evidente que no existían criterios objetivos para seleccionar las nuevas licenciaturas. Por lo tanto, se adoptó la determinación de realizar un análisis del proceso de desarrollo del Estado, que permitiera establecer las grandes líneas de su comportamiento previsible en el futuro, para derivar de ello ciertas prioridades en materia de formación de recursos humanos de nivel universitario. Para este propósito se elaboró un proyecto de investigación, en cuyo diseño y aplicación se contó con la colaboración de investigadores y técnicos del Centro de Planeación

3 Quien de manera reciente había defendido una tesis profesional para obtener título de Licenciado en Derecho por la Universidad Autónoma de Chihuahua, con un tema estrechamente relacionado con esta comisión: Educación Superior, Desarrollo Económico y Legislación en México.

> Nacional de la Educación Superior ( ) Después de probar como hipótesis varias posibilidades de ampliación al alcance de la Universidad, la información obtenida en la investigación sugirió la conveniencia de ofrecer estudios profesionales en las áreas de Arquitectura, Odontología, Ciencias Químicas y Educación (Fuentes Molinar, 1972, pág. 9).

Entre 1971 y 1972, iniciaron las facultades con las licenciaturas mencionadas. Especialmente la Facultad de Ciencias de la Educación contó con un plan de estudios innovador que contenía un tronco común, con dos bloques formativos de los cuales se desprendían distintas opciones terminales, encaminadas hacia la obtención de títulos de licenciatura, ya fuera en Administración y Planeación Educativa o en Docencia con opciones de Docencia en distintas áreas de conocimiento, como serían Ciencias Sociales, Ciencias Químico-Biológicas y Fisicomatemáticas. Los detalles sobre el diseño del plan de estudios fueron publicados por Olac Fuentes en el segundo número de 1972, de la revista del Centro de Estudios Educativos recién iniciado por Pablo Latapí.

La creación de las nuevas facultades incorporaba las propuestas de los acuerdos de ANUIES relacionados con la Reforma de la Educación Superior. En especial, la Facultad de Ciencias de la Educación planteaba un esquema innovador no solamente por la apertura a estudiantes provenientes con cualquier tipo de bachillerato, también por la flexibilidad de su plan de estudios, por el perfil de sus egresados, así como también por su estructura organizativa y la dinámica de su proceso de enseñanza-aprendizaje.

Por presiones insostenibles de grupos opositores a la reforma, el rector Garza Rivas se vio obligado a presentar su renuncia a la rectoría. En el proceso de elección del nuevo rector, a diferencia de otras facultades, la de Ciencias de la Educación se abstuvo de pronunciarse a favor del candidato fuerte y en su lugar elaboró un documento de posicionamiento sobre las tareas que quien quedara como rector debiera realizar para continuar con los procesos de reforma. Posicionamiento que también fue apoyado por otras facultades del campus Victoria.

Cuando Enrique Luengas Piñeiro, profesor de Derecho de Tampico, asume la rectoría endereza contra Ciencias de la Educación un conjunto de agresiones basadas en diatribas, calumnias y violencia: que el director era extranjero, que los profesores eran dogmáticos y carecían de calificaciones académicas, que tanto el consejo técnico, como la asamblea general de alumnos eran espurios. Los edificios de la facultad terminaron por ser tomados por un grupo minoritario apoyado por funcionarios no solo de rectoría, sino también de gobierno del Estado.

> "Los últimos días del movimiento, que se prolongó por dos semanas, fueron tal vez los más difíciles para las autoridades universitarias, en razón de que la SEP comisionó al Dr. Jaime Castrejón Diez, Coordinador General de Educación Superior, para que negociara entre las partes en conflicto y este presionó por medio del presupuesto al entonces rector de la Universidad, para que dicho problema terminara a la brevedad posible" (Sánchez López, s/f, pág. 28).

El rector Luengas Piñeiro tuvo que convocar a una Asamblea Universitaria Extraordinaria que tuvo lugar el 13 de octubre de 1973, para tratar como único punto el conflicto de la Facultad. Frente a la posición más fuerte en el sentido de cerrar la Facultad, se fueron negociando otras medidas, como la de designar otro consejo técnico y proceder a un proceso para la elección de un nuevo director. El saldo final de ese proceso significó la triste salida del director y de tres profesores, personas que gozaban de un amplio reconocimiento académico y simpatía por parte de la mayoría del estudiantado. Meses después, en enero de 1974 dicho rector renuncia al cargo por presuntas presiones desde la Secretaría de Gobernación, habiendo durado un año en este cargo. Los conflictos universitarios continuaron por distintas razones, de tal manera que el siguiente período rectoral (por Ministerio de Ley), de Rubén David Rivera Sánchez duró de enero a marzo de 1974, con otro período del 9 al 21 de mayo del mismo año; mientras que el Dr. Leandro González Gamboa fue titular de marzo a mayo del mismo año.

9. LOS LIDERAZGOS TERRITORIALES

De acuerdo con Hernández Santamaría (2012), a partir de 1977 se perfila en la UAT un "modelo corporativo" de dirigencia política cuyo tentáculo instrumental fue el porrismo. En esas fechas fungía como rector Jesús Lavín Flores, quien primero cubrió un interinato, de mayo de 1974 a enero de 1975 y después fungió como titular de 1975 a 1979, para enseguida ser reelecto para terminar su administración en 1983.

Fueron años en que "La presencia constante de la Coordinación de la Educación Superior de la SEP en la Universidad sirvió también para respaldar a la administración rectoral en el financiamiento para la expansión y mantenimiento de la infraestructura física" (Hernández Santamaría, 2012, pág. 54). No sobra aportar información adicional a este respecto.

Esta dependencia estuvo dirigida por un influyente y controvertido personaje guerrerense hijo de un empresario asociado a la embotelladora Coca Cola, Jaime Castrejón Diez, Doctor en Microbiología por la Universidad de Tulane, quien después de ser alcalde de Taxco fue rector de la Universidad de ese Estado y Secretario General de ANUIES y que en noviembre de 1971 fuera secuestrado por el grupo denominado Comando Armado de Liberación General Vicente Guerrero, perteneciente a la Asociación Cívica Nacional Revolucionaria (ACNR) y capitaneado por Genaro Vázquez Rojas (Álvarez, 2022).

En la negociación de su liberación, con la supervisión del director Federal de Seguridad Fernando Gutiérrez Barrios, no solo intervino el Obispo Méndez Arceo, sino también el secretario de Educación Pública Víctor Bravo Ahuja y hasta el mismo presidente Luis Echeverría. Días después de su liberación renunció a la rectoría y fue nombrado director general de Coordinación Educativa de la SEP; fue diputado federal en la LIV Legislatura donde le toca presidir la Comisión de Ciencia y Tecnología, para colaborar después como director general de Desarrollo Político de la Secretaría de Gobernación. Desde esos espacios impulsó la construcción y fortalecimiento de varias instituciones como el Conacyt, y fue uno de los padres de la Universidad Autónoma Metropolitana (la UAM), junto con Alfonso Rangel Guerra y Roger Díaz de Cossío (Guerrero Cultural Siglo XXI AC, 2020; Álvarez, 2022).

Con el tiempo, Castrejón se convirtió en especialista en educación superior, tema sobre el cual generó una buena cantidad de publicaciones, además de llevar un despacho privado de consultoría y asesoría a universidades. En distintos corrillos de este campo de estudios también se ha comentado que uno de sus grandes logros cuando estuvo en la Coordinación de Educación Superior de la SEP, fue la integración de un importante sistema de información sobre movimientos estudiantiles, incluyendo fichas informativas sobre cada uno de sus líderes.

No disponemos de información que permita determinar si sus visitas a esta universidad se limitaron a los tiempos en que fungió como funcionario de la SEP, o si se extendieron a los períodos en que desempeñaba otras funciones gubernamentales o como consultor independiente, pero no queda duda que fue un actor influyente que apoyó en la gestión de recursos para las universidades, considerando un contexto en el que el presidente Echeverría amplió los subsidios a la educación superior, buscando congratularse con los universitarios, después de su oprobiosa participación como Secretario de Gobernación en los hechos ocurridos en Tlatelolco durante el sexenio anterior.

En un diagnóstico sin fecha, firmado por Castrejón y en una carpeta con domicilio de la consultoría, se analizan algunos aspectos de la institución y entre algunas observaciones que hace sobre el aparato administrativo, se alienta la generación de liderazgos. Por su interés, citamos en extenso la siguiente sección:

> Desde el punto de vista político, uno de los grandes problemas que confronta la Universidad Autónoma de Tamaulipas es la poca posibilidad de generar nuevos líderes universitarios. De hecho, las funciones de los directores de Escuelas y Facultades los coloca en una situación aislada en que no les permite conocer el panorama general de la institución ni de proyectarse con fuerza. En la parte administrativa de la Universidad solamente se coloca al secretario general en posición de gran exposición política, por lo que logra convertirse en

> uno de los personajes viables en las sucesiones rectorales. Esta nueva organización, aumentaría el número de personas que tendrían la posibilidad de esta plataforma, por lo que serían, además del secretario general, los Secretarios Académico, Administrativo y de Finanzas, y tal vez los coordinadores, personajes de la política universitaria que ampliarían el espectro para la selección de conductores. Esta ampliación de las opciones políticas de la comunidad universitaria es algo que es importante iniciar en los momentos en que la decisión de la comunidad universitaria ha llevado a la reelección al actual Rector. De esta manera, en los próximos cuatro años, además de la conducción ( ) el Rector tiene también, como función principal, la de generar opciones de líderes para la comunidad universitaria tamaulipeca (Castrejón Diez, s/f, pág. 16)

Fue notorio el empoderamiento de liderazgos estudiantiles identificados en todas las escuelas y facultades. La comunicación directa con el rector, así como el apoyo financiero para la realización de actividades universitarias les permitió ganar legitimidad frente a las bases, máxime cuando se vieron ocupando posiciones directivas en la administración central, ya sea directamente o a través de sus allegados.

Con el tiempo, la sugerencia de Castrejón tuvo efectos perversos, las dependencias universitarias fueron consideradas como cotos de poder entre los que no se permitía la transgresión entre unos y otros, con consecuencias de violencia no solo simbólica sino real. En las dinámicas de conservación y ampliación de poder, en la perspectiva de los sucesivos rectorados, se podían observar invasiones, coaliciones y competencias que no siempre resultaron de forma pacífica. Como explica Hernández Santamaría "en sus orígenes no necesariamente eran violentos. Fue en su contacto, y en ocasiones convivencia, con los miembros de la política estatal lo que engendró la impunidad y facilitó el paso de la intimidación a los desmanes y el abuso" (Hernández Santamaría, 2012, pág. 57).

DE CARA AL NUEVO SIGLO

10. UAT 2000

Buena parte de las políticas de educación superior, aunque hayan tenido denominaciones e instrumentos distintos a través del tiempo, responden a problemas incubados desde la década de los ochenta - la década perdida - durante la cual se acumularon problemas que eran padecidos desde décadas previas pero que terminaron por impactar en diversos sectores de la sociedad y por supuesto en la educación superior.

Al iniciar la década de los ochenta, tras la fuga hacia el extranjero de una suma considerable de capital financiero, una grave caída de los precios internacionales del petróleo se conjuntó con una significativa devaluación de la moneda, lo que trajo por consecuencia un importante crecimiento de la deuda externa y por ende problemas para considerar al país como sujeto de créditos adicionales por parte de la banca internacional. En este escenario, tardíamente el presidente López Portillo intentó un golpe de timón al decretar la nacionalización de la banca y el control de cambios.

Con la iniciativa para la reestructuración económica Miguel de la Madrid puso en marcha la agenda neo-liberal, que en términos de Pablo Latapí (2008, pág. 207) se sustenta en "el retiro del Estado en la economía, la acotación de sus márgenes de acción, privatización de empresas públicas, la descentralización de la autoridad, la desregulación y disminución de la burocracia, la marginación de los sindicatos (individualización de las relaciones laborales) y la disminución de subsidios y protecciones a la población (salud y educación)."

Los siguientes regímenes estarían fuertemente alineados con esta agenda, utilizando un discurso de modernización en apoyo al ajuste estructural, la implementación de mecanismos y acuerdos con diferentes intereses y grupos de presión para controlar la inflación, controlar el crecimiento de los salarios, tener un uso más eficiente y transparente de las finanzas públicas, a fin de reducir el gasto público en servicios sociales.

La comunicación directa con el rector era generalmente un privilegio de los líderes y de sus directores. Aunque generalmente el rector visitaba cada una de las escuelas y facultades al menos una vez por semestre y, bajo la supervisión de los líderes, algunos profesores y estudiantes tenían oportunidad de platicar con él, previo acuerdo sobre los temas a tratar (generalmente era para solicitar apoyo para la adquisición de equipos de laboratorio, o para asistir a eventos académicos o a competencias deportivas). Por eso, cuando en 1987, se hizo la invitación a los docentes para participar abiertamente, en foros a los que asistirían también profesores de otras facultades, en un proceso de planeación participativa que llevaba por nombre UAT 2000, a todos les pareció que más valía andarse con cautela y con "corrección política". Era la primera ocasión que se realizaba una actividad en la que los profesores podían platicar con sus pares de otras facultades, primero en tres foros regionales y después en un foro estatal realizado en Ciudad Victoria.

En el mensaje del rector, al inicio de la publicación de las resoluciones, enumera las propuestas que considera acciones a emprender de manera prioritaria y que se denominan Líneas de Estrategia, que en forma resumida serían: 1) reorientar matrícula y reorganizar la currícula para optimizar recursos y vincular con sectores público y productivo; 2) Introducir nuevas carreras y reorganizar orientación vocacional; 3) Fortalecer selección de profesores privilegiando investigación; 4) Establecer sistema de evaluación académica que incluya investigación y vinculación; 5) Otorgar crédito académico a la práctica profesional; 6) Descartar especialización en licenciatura para que esta sea abordada en el posgrado; 7) Impulsar programas de educación continua; 8) Introducir estudios de seguimiento generacional; 9) Establecer programa de formación docente con becas para posgrados; 10) Creación de programas de investigación que se vinculen con el sector público y privado; 11) Impulsar la investigación social; 12) Impulsar programas de desarrollo de tecnología intermedia; 13) Instaurar el sistema estatal de investigadores; 14) Alentar las publicaciones científicas; 15) Fortalecer el posgrado de investigación; 16) Capacitación en administración y planeación educativa para todas las facultades con el objeto de orientar sobre la toma de decisiones y la elaboración de planes institucionales de desarrollo; 17) Creación de la unidad de informática de la universidad.

Los reportes sobre las ideas generadas en cada una de las mesas dan cuenta de la argumentación de estas ideas, aunque hay demandas expresadas que no fueron captadas en estas resoluciones, como por ejemplo el pago por quincena, ya que en ese entonces el pago al personal era por mensualidades, pero lo más importante del ejercicio fue, por una parte, que se estableció la necesidad de realizar un tipo de planeación institucional que considerara ideas y demandas diferenciadas de los universitarios; y por otra, se abrió una ventana para que los profesores se pudieran comunicar con sus pares de otras facultades.

Como coordinadores de estas mesas de participación estuvieron: Lic. Juan Fidel Zorrilla, Dr. Héctor M. Capello, Dr. Jaime Castrejón, Dr. Emmanuel Méndez Palma, Ing. Humberto Filizola H., MVZ. Jorge Luis Uriegas (Universidad Autónoma de Tamaulipas, 1987).

Como lo comentó en su momento Enrique Salazar (1994). El ejercicio no solo fue importante al interior de la universidad, sino también porque significó un esfuerzo (tal vez el primero de su historia) por vincularse a un esquema nacional de planeación que el gobierno federal concertó con las instituciones a través de la Asociación Nacional de Universidades e Instituciones de Educación Superior (ANUIES). Un esquema que inició en una Asamblea de este organismo realizada en Puebla desde 1978 y que se fue desdoblando incrementalmente desde el Sistema para la Planeación Permanente de la Educación Superior en el que se produce un Plan Nacional de Educación Superior, hasta los Programas Regionales Indicativos de Desarrollo de la Educación Superior (PRIDES) y Programas Estatales Indicativos de Educación Superior (PEIDES) y los Planes Institucionales de Desarrollo (PIDES). Se elaboró una gran cantidad de planes de los tres niveles mencionados, conteniendo una variopinta cantidad de aspiraciones y propósitos con dudosas posibilidades de factibilidad. De hecho, esta primera generación de planes de ese esquema terminó por conocerse como la “canasta de cuentos mexicanos”. Ya vendrían tiempos mejores.

11. CRECIMIENTO Y DIVERSIFICACIÓN

La expansión que la Universidad ha tenido en sus años de existencia es una demostración de su funcionalidad como institución social en el Estado de Tamaulipas. Al iniciar sus labores en 1956, contaba con 304 estudiantes y para el año 2000 su población se hubo incrementada en más de cien veces, al atender a una población de 31,885 estudiantes desde los niveles escolares que van desde el bachillerato hasta el doctorado.

Las cifras anteriores se refieren únicamente a la población escolar que atiende en sus programas de educación formal, ya que además la Universidad presta servicios de distinta naturaleza a usuarios externos. Baste mencionar que tan solo en el año 2000 la Facultades, Unidades Académicas y Centros Institucionales desarrollaron 294 programas en forma de seminarios, cursos cortos y seminarios con un total de 21,201 horas en los que se atendieron a 19,674 personas; los Centros de Lenguas de la Universidad atendieron a más de 6 mil usuarios externos; los centros de Cómputo atendieron 2,276 y en los cinco gimnasios multidisciplinarios se atendieron a más de 6 mil personas externas que regularmente practicaron distintas disciplinas.

La matrícula de la Universidad inició su ascenso durante la década de los sesenta, debido al incremento de facultades durante ese período. Pero el mayor ciclo de expansión se inicia durante la década de los setenta y se prolonga al iniciar los ochenta. Durante la segunda mitad de esa década hay un período de estabilidad, para iniciar un segundo repunte durante el primer quinquenio de los años noventa. Una explicación sobre el período de expansión es que al iniciar la década de los setenta, empezaban a arribar a la educación superior las primeras generaciones provenientes de una notable ampliación de la educación básica iniciada por el Plan de Once Años implementado en 1959.

Por otra parte, los distintos grupos sociales afectados gravemente por los altos índices de desempleo veían en la educación superior un canal de empleo y movilidad social ascendente, por lo que se incrementaron las demandas de oportunidades para cursar este nivel educativo. La nueva administración federal de Luis Echeverría se veía en la necesidad de impulsar el crecimiento de este nivel, así como de reivindicar sus relaciones con las universidades tras los trágicos acontecimientos de 1968.

Durante dicha administración federal, el subsidio anual a las universidades se vio incrementado, de tal forma que para 1976 el subsidio federal anual se multiplicó por casi doce veces más que el recibido en 1970, mientras que en ese mismo sexenio las universidades duplicaron su matrícula (Pallán, 1993).

En respuesta a sus demandas y con el apoyo de las políticas gubernamentales, en 1970 la Universidad Autónoma de Tamaulipas inicia también un periodo de crecimiento, tan sólo en los primeros cinco años de dicha década, el presupuesto anual se incrementó en poco más de cinco veces, pasando de 16 a 85 millones y la matrícula estudiantil casi se triplica en ese mismo lapso, al pasar de 4,422 a 11,866 estudiantes (Zorrilla: 1976).

El segundo ciclo de expansión de la UAT, es explicable por dos razones: la crisis económica que experimenta el país durante los ochenta impide que muchas familias tamaulipecas de clase media, especialmente de la franja fronteriza, continúen enviado a sus hijos a estudiar a Monterrey; además de que la Autónoma de Nuevo León impone una nueva política de admisión mediante la cual se daría preferencia a estudiantes provenientes de las preparatorias de dicho estado. Esto explica también la proliferación de pequeñas universidades privadas a lo largo de la frontera tamaulipeca.

Además de que se integró a la institución a la Facultad de Derecho y Ciencias Sociales (1973), que de manera libre venía operando en Ciudad Victoria desde 1967. La Facultad de Agroindustrias abre sus puertas en Reynosa hasta el año de 1983.

Como consecuencia de la apertura de escuelas y facultades durante el período de expansión, el abanico de ofertas de programas académicos se va ampliando. Si bien, los programas de licenciatura son los que más matrícula incorporan, también existen a través de la historia institucional una serie de programas de nivel técnico básico como los que surgieron al inicio de las escuelas de Enfermería y Trabajo Social; posteriormente aparecen también un nutrido conjunto de programas de nivel Técnico Superior que elevan su número hasta 19 en el año 2000.

Por lo que corresponde al crecimiento en el número de programas de licenciatura, se puede observar un crecimiento continuo a partir de los setenta, de tal forma que casi se triplican en un período de dos décadas, al pasar de 20 a 59 entre 1975 y 1995. Sin embargo, este crecimiento en las licenciaturas resulta abultado si se considera que una buena parte de estos se trata de programas que se repiten en varias sedes de la Universidad, ya sea con las mismas o distintas denominaciones, pero con un mismo campo de conocimiento, aunque con distintos planes de estudio, hasta que en el año 2000 se decide fusionar y regular la estructura y nomenclatura de los programas educativos, como parte de una reforma más amplia que se comenta más adelante.

12. EL POSGRADO

Los estudios de posgrado en la Universidad se inician a partir de 1974, mediante un convenio con la entonces Secretaría de Asentamientos Humanos y Obras Públicas (SAHOP), que da lugar a una Maestría en Ingeniería Portuaria cuya sede es, desde entonces, la Facultad de Ingeniería en Tampico. Entre 1975 y 1980 los programas de ese nivel empiezan a despuntar, creándose siete especialidades médicas en Tampico (cinco de ellas en convenio con PEMEX), seis maestrías relacionadas con aspectos administrativos y dos programas en Derecho (privado y social) integrando especialidad, maestría y doctorado mediante un convenio con la UNAM.

Entre 1981 y 1985 se crean seis especialidades y cuatro maestrías en campos que ya no serán solamente relacionados con la salud, la administración o el derecho, sino ahora también en campos de las ciencias agropecuarias y de ingeniería. Algunos de estos programas tuvieron una vida limitada, como la Especialidad en Historia Regional.

De 1986 a 1990, surgen cinco especialidades en aspectos del Derecho, la Salud y la Construcción; así como cuatro programas de Maestría en campos de la Administración y de Ingeniería, así como también una en Investigación Educativa, cuya vida fue de una sola generación.

De 1991 a 1995 se inicia un proceso de verdadera explosión de las maestrías al abrirse 15 programas, frente a cinco especialidades. En este período surgen, al lado de los programas impulsados por el desarrollo de las Facultades, algunos programas implementados por departamentos de la administración central, apoyados financieramente por la Secretaría de Educación Pública y orientados hacia la formación docente de los propios profesores de la institución. Tal fue el caso de una Maestría en Docencia en Educación Superior creada en la Facultad de Ciencias de la Educación (1993), pero que pronto es adoptada como propia en varias facultades de la Universidad; una Maestría en Educación Superior (1993) y una Maestría en Comunicación Académica (1995).

En este último año, la Facultad de Ciencias de la Educación decide reformular la Maestría en Docencia en Educación Superior para plantearla como Maestría en Docencia. Las otras dos maestrías formaron solamente una generación utilizando el nuevo sistema de videoconferencia interactiva para hacerla llegar a distintas localidades de la Universidad. En este período aparece también el inicio de un ciclo de expansión del doctorado. Los programas doctorales creados fueron en Administración, en Ciencias Agropecuarias y en Educación Internacional. Este último en convenios con instituciones de Estados Unidos y Canadá, aprovechando fondos disponibles de la Secretaría de Educación Pública para la creación de consorcios.

Durante el último quinquenio del siglo XX el crecimiento del posgrado fue definitivamente espectacular, se crearon 27 programas de maestría en diversas ramas disciplinarias, así como cuatro especialidades y tres doctorados. Estos últimos programas se han abierto aprovechando convenios con universidades de los Estados Unidos y de España.

Para el 2001 se crean seis especialidades en distintos campos disciplinarios, tres de ellos relacionados con las ciencias de la salud; cinco maestrías y dos doctorados más: uno en Derecho Penal y otro en Psicología. Si bien, algunos de estos programas fueron solamente de una generación, se pudo advertir de la enorme demanda que de programas de ese nivel existía en la entidad y que con el tiempo ha venido creciendo aceleradamente.

Conviene advertir que muchos de ellos han operado por una sola ocasión. Pero, aun así, la cantidad de programas vigentes de este nivel educativo da cuenta (entre otras cosas) de la demanda que estos estudios tienen en la entidad. Para finalizar el siglo la UAT llegó con un total de 92 programas de posgrado: 26 especialidades, 56 maestrías y 10 doctorados.

Los programas son muy variados, no únicamente por la diversidad de sus campos disciplinarios, sino también por su organización y administración; algunos de éstos fueron iniciados por dependencias rectorales y otros por las unidades académicas, otros se hacen mediante el apoyo de universidades extranjeras, otros se hacen mediante la red de videoconferencia, y otros se repiten en distintas dependencias, pero con distintas modalidades de trabajo, pudiendo ser escolarizados, semiescolarizados, o a distancia. Algunos programas pueden contar con cierto financiamiento de la Universidad, pero en la mayor parte de los casos son “autofinanciables”, lo cual significa que al menos sus gastos de operación son cubiertos por las cuotas de sus estudiantes, aunque en buena medida quienes son profesores de la UAT gozan exención de pagos.

Quizás por los remanentes de la crisis, la disminución de inversiones y la escasez de empleos bien pagados, aunados a un ambiente de competitividad, motivada por la firma del Tratado de Libre Comercio, se incrementó la demanda social de estudios de posgrado, de tal forma que las anteriores maestrías en educación se dieron en el contexto de una inédita explosión del nivel de posgrado. Para adicionarse al único programa de Maestría que existía en la UAT desde la década de los setenta (Ingeniería Portuaria), durante la primera parte de la década de los noventas se abrieron 15 programas de maestría y cinco especialidades; también se inició el ciclo de expansión del doctorado al crearse los de Administración, Ciencias Agropecuarias y Educación Internacional. Este último con el apoyo del Programa para la Movilidad Académica de América del Norte.

Esta explosión se continuó de manera espectacular durante el siguiente quinquenio, con la creación de 27 maestrías en distintas ramas disciplinarias, así como cuatro especialidades y otros tres doctorados en convenio con universidades de Estados Unidos y de España. Al despuntar el nuevo siglo se crearon otras seis especialidades en el área de la salud, cinco maestrías y dos doctorados más, uno en Derecho Penal y otro en Psicología. De esta forma, la UAT inició el nuevo siglo con 26 especialidades, 56 maestrías y 10 doctorados.

En la transición del siglo, el posgrado se convirtió en un segundo piso de la expansión de las licenciaturas, que en buena medida fue impulsado por una creciente demanda social más que por una demanda económica formulada a partir de la necesidad de personal científico y tecnológico. La construcción de este segundo piso tuvo dos particularidades que son producto de la matriz neoliberal cuyo desdoblamiento fue concomitante a dicha transición. Desde el sexenio de Miguel de la Madrid se inicia un proceso que conforme avanza la transición se va agudizando cada vez más. Un proceso de privatización y extinción de empresas, tanto de aquellas totalmente públicas como de aquellas en las que el gobierno también tuviera participación. Esto trajo por consecuencia un incremento desmedido del desempleo, recuérdese por ejemplo la integración de una asociación de agrónomos desempleados, sumaron cientos de miles los despedidos de empresas e instituciones del sector agropecuario (FIRA, ANAGSA, BANRURAL, etcétera). Banca, ferrocarriles, energía, siderúrgica, industria azucarera, en todos los sectores incidió este proceso en un contexto en el que no solamente se adelgazó el aparato gubernamental, pero también se redujeron subsidios, se cayeron los precios del petróleo, se afectó la paridad cambiaria, se incrementó la deuda externa y prevaleció una política de austeridad y de contención salarial. La modernización tenía un sentido de eficiencia y productividad y una valoración ideológica en la que "lo privado es mejor que lo público".

Estas medidas trajeron consigo la formación de un ejército laboral de reserva, ya que a los recién desempleados se fueron sumando las nuevas generaciones de egresados de la educación superior (Lorey, 1993), quienes tenían que competir entre sí por las escasas plazas vacantes. Los jóvenes profesionistas, para estar en mejores condiciones para competir incrementaron su escolaridad con aprendizajes de lenguas, computación y estudios de posgrado (Navarro Leal M. A., 2000). Así, tanto en el país, como en Tamaulipas, el segundo piso de la educación superior, incluyendo a la UAT, creció de una manera espontánea, desordenada, de calidad dudosa y privada. De manera espontánea porque cada institución de manera independiente implementó programas en función de su clientela; desordenada por las disparidades generadas entre áreas de conocimiento, regiones, etcétera; de dudosa calidad porque se implementaron programas sin la más mínima verificación de criterios de calidad; y privada porque en un entorno de restricciones financieras para las instituciones públicas implementaron programas cuya subsistencia se basó en las colegiaturas pagadas por los estudiantes, al igual que las instituciones privadas. En materia de posgrado, se desvaneció la tenue línea entre lo público y lo privado. Este nivel educativo aún no es considerado como un derecho, sino como mercancía en los mercados académicos.

13. LA FUNCIÓN DE INVESTIGACIÓN

A veinte años de la creación de la universidad, la investigación no guardaba aún un lugar preponderante en la institución; aunque el Instituto de Investigaciones Históricas se había creado desde 1963, se puede decir que esta función inició su desarrollo institucional durante la década de los ochenta aunque de manera dispersa, a partir de los trabajos que se realizaban en algunas facultades y fundamentalmente por la creación de centros de investigación, en el marco de una política que favoreció esos esfuerzos a través de apoyos del Conacyt y de becas para realizar estudios de posgrado.

Es hasta 1979 cuando se crea el Departamento de Investigación Científica, dependiente de la División de Estudios Superiores; pero sería hasta 1981 cuando se expide el primer reglamento de Estudios de Posgrado e Investigación Científica y se crea la Dirección General de Estudios de Posgrado e Investigación (Gutierrez & Guevara, 1994). De acuerdo a la entonces titular, hermana del Rector, en ese mismo año se generó un primer Plan de Desarrollo Institucional de la Investigación Científica (Lavin Flores, 1984) que tenía por objetivos: 1. Organizar las actividades de investigación de la UAT; 2. Propiciar niveles de excelencia en los estudios de posgrado impartidos en la UAT; 3. Ubicar y plantear la investigación científica dentro de los objetivos y metas de la planeación general de la universidad; 4. Adecuar la infraestructura física para la investigación que actualmente existe en la Universidad y programar las inversiones futuras en este renglón con la finalidad de optimizar los recursos de la misma; 5. Programar y apoyar la formación de recursos humanos para la retroalimentación del quehacer científico; además se mencionaban cinco prioridades: Producción de alimentos y agroindustrias; Ciencias de la Salud; Ingeniería Portuaria; y, Asentamientos Humanos. Sin embargo, este plan se produjo ya casi en el crepúsculo de la administración del rector Jesús Lavín Flores (que duró desde 1974 a 1983).

La mayor parte de los centros de investigación se concretaron ya iniciado el período rectoral de José Manuel Adame Mier tales como el Centro de Investigación para el Desarrollo de Ingeniería Portuaria, Marítima y Costera (1985); el Centro de Estudios Administrativos para el Desarrollo Regional y el Comercio Exterior (1985); el Centro de Tecnología y Maquinaria Agrícola (1985); el Centro de Investigaciones Acuícolas y Pecuarias (1987); el Centro de Investigación para el Desarrollo Agropecuario, Forestal y de la Fauna (1988); el Centro Multidisciplinario de Investigaciones Regionales (1990). Algunos de estos no perduraron o cambiaron de nombre en atención a ajustes respecto a sus capacidades y materia de estudio.

Paradójicamente, estos centros se fundaron en un período de gobierno en el que se da una de las más grandes devaluaciones del peso, se produce una crisis fiscal, se reducen los presupuestos al sector servicios y, frente a las políticas de contención salarial, se opta por la creación del Sistema Nacional de Investigadores como medida para frenar la fuga de cerebros.

En ese entonces la UAT contaba con grandes propósitos de promover la investigación pero sus capacidades aún eran incipientes; apenas se empezaba a considerar la categoría de profesores de tiempo completo con descarga docente para realizar investigación. Se inicia entonces un necesario proceso de formación de investigadores, tanto con recursos propios como con algunas becas de CONACyT que permitieron que algunos profesores y estudiantes recién egresados, salieran a estudiar posgrados tanto en el país como en el extranjero.

No en todos los casos se pudo contratar a quienes regresaban después de haber terminado de estudiar un posgrado. El haber hecho méritos con el líder político de una facultad en algunos casos tenía más peso para su contratación que el contar con un título de posgrado. Fue hasta mediados de la década de los ochenta cuando se aprueba el reglamento de profesores y se inicia un proceso de regulación del ingreso, la promoción y la permanencia del personal académico y se introducen para ello criterios académicos para la contratación. Aún faltaban cerca de dos décadas para que se pusieran en marcha las convocatorias públicas para concursos de oposición y eso como condición para que la SEP pudiera autorizar la creación de plazas que tendrían un impacto en la asignación financiera para cubrir nóminas. Estas medidas gubernamentales permitieron operar una paulatina reducción del clientelismo político en el reclutamiento y contratación de profesores.

LA MODERNIZACIÓN

14. UNA UNIVERSIDAD PARA NUESTRO TIEMPO

En el gobierno de Salinas de Gortari (1988-1994) las políticas se definieron con mayor claridad de miras a promover la "modernización". Durante su administración, se estableció el Acuerdo de Libre Comercio de América del Norte (TLCAN) con la intención de integrar las economías de México, los Estados Unidos y Canadá; y se concretó el ingreso de México a la Organización para la Cooperación y el Desarrollo Económicos (OCDE). Hechos que introdujeron la noción de competitividad internacional en el discurso oficial.

En este escenario, durante la década de los ochenta la educación superior continuó con el crecimiento iniciado en la década anterior, aunque con una cierta desaceleración, debido a la grave disminución del gasto gubernamental en este sector. Los recortes financieros hicieron difícil continuar con la construcción de aulas, la adquisición de equipo, laboratorios, y la contratación de académicos. El problema generado por este déficit trajo consigo una pérdida de confianza sobre la calidad de los servicios ofrecidos por universidades pobres, frente a las nuevas demandas de la competitividad internacional.

Tal escenario de crisis general y de crisis de confianza en la universidad pública, trajo consigo una nueva definición de políticas de rendición de cuentas, de evaluación y acreditación, así como nuevos esquemas de financiamiento, que mostrarían una posición menos distante y permisiva por parte del gobierno central, quien a través de la introducción paulatina de nuevos procedimientos marcaría a las universidades las líneas de su propio desarrollo (Navarro M. A., 2005).

El Programa para la Modernización Educativa (1989-1994), atendiendo a la preocupación general por la calidad se nutría de dos fuentes principalmente: por un lado, la Asamblea de la Asociación Nacional de Universidades e Instituciones de Educación Superior

(ANUIES) celebrada en Tampico, en noviembre de 1989, en la cual se aprueba la creación de la Comisión Nacional de Evaluación de la Educación Superior (CONAEVA), cuyas funciones y responsabilidades serían las de "concebir y articular un proceso nacional de evaluación de la educación superior; sentar las bases para dar continuidad y permanencia a este proceso; proponer criterios y estándares de calidad para las funciones y tareas de este nivel educativo, y apoyar a las diversas instancias responsables de su realización para que la lleven a cabo mediante los mecanismos más adecuados" (Mercado del Collado, 1998, pág. 121). La CONAEVA tenía también como propósito generar un modelo alternativo de asignación de recursos públicos a partir de la evaluación del desempeño institucional (CONAEVA, 1990).

Por otro, el documento que desde inicios de 1989 la ANUIES había presentado a la SEP con el título de "Declaraciones y aportaciones de la ANUIES para la modernización de la educación superior", en el que se señalaba como una de las prioridades principales para la modernización del nivel, la "actualización de planes, programas y métodos pedagógicos".

Era natural que el Programa para la Modernización Educativa 1989-1994, mencionara como primer objetivo para este nivel: "mejorar la calidad de la educación superior para formar los profesionales que requiere el desarrollo nacional"; y para ello, el primer párrafo de las estrategias y acciones principales contemplaba "llevar a cabo reformas en las instituciones de educación superior con base en criterios cualitativos y nuevas respuestas didácticas y de contenido acordes a las necesidades de la renovación del saber y de los procesos productivos, estimulando la autoformación permanente".

Si bien respecto a este sexenio se expresaron controversias sobre el modelo de desarrollo adoptado, en relación a la educación superior se pudieron escuchar algunas opiniones favorables: "la política de modernización representó la oportunidad de fortalecer procesos de mejoramiento institucional en aquellas universidades que tuvieron como eje de su desarrollo las tareas académicas" (Mendoza Rojas, 2002).

El propósito de mejorar la calidad de la educación tenía un contexto que si bien se venía trabajando desde décadas anteriores (recordar la reforma educativa del sexenio de Luis Echeverría), terminado el sexenio salinista hubo expresiones por parte de los organismos internacionales. Tanto la UNESCO (1995) como el Banco Mundial (1995) de manera general para los países en desarrollo, como el ICED (1990) y la OCDE

(1997) de manera particular para el caso de México, coincidían en explicar el problema de la calidad de la educación superior relacionando una fuerte expansión de la matrícula, con una diferenciación mayor de instituciones y programas en el escenario de restricciones financieras que tuvo lugar durante el último cuarto del siglo.

Coinciden también, en que esta acelerada expansión trajo por consecuencia desigualdad en la distribución nacional y regional de los servicios educativos, problemas de equidad entre los grupos sociales para aprovechar las oportunidades educativas, disparidades en la distribución de los estudiantes por áreas profesionales, así como también distanciamiento entre los números de egresados y la capacidad de absorción de los mercados de trabajo.

Frente a esta problemática y considerando la expansión por casi un 150% de la matrícula de educación superior en las últimas dos décadas del siglo, el gobierno mexicano adopta una política orientada a desacelerar el crecimiento para atender y financiar el mejoramiento de la calidad, pero al mismo tiempo crecer para redistribuir proporciones en atención a desigualdades, inequidades, distanciamientos y disparidades. Se opta por un crecimiento condicionado:

- Aquellas instituciones con una matrícula superior a 35 mil estudiantes deberán concentrar sus esfuerzos en mejorar cualitativamente
- Aquellas instituciones con matrículas entre 15 mil y 30 mil, atenderán aspectos cualitativos con un crecimiento moderado
- Las instituciones con una población menor a 15 mil estudiantes podrán crecer hasta en un 25 % cuidando siempre la calidad[4].

En este sentido, la UAT podría tener un crecimiento moderado pero su atención principal debía centrarse en aspectos cualitativos. Los financiamientos extraordinarios estarían orientados por ese criterio general.

En este contexto, en 1991 se inicia el primer período rectoral de Humberto Filizola con un documento transitorio que se denominaría Plan Estratégico y que marcaría las líneas generales para orientar el resto del período con la frase Una Universidad para Nuestro Tiempo y que consistiría básicamente en modernizar a la institución, lo cual

4 SESIC-SEP. Documentos de trabajo de la reunión con rectores. Abril 14 y 15 de 1997.

significó implementar medidas que le hicieran más competitiva frente al crecimiento alcanzado por las universidades privadas.

La SEP, como alternativa para la asignación de fondos extraordinarios, creó el Fondo para Modernizar la Educación Superior (FOMES), cuya primera prioridad para orientar los proyectos con los que las universidades públicas concursarían para obtener dichos apoyos, sería precisamente la de promover reformas para el mejoramiento de la calidad en la formación de profesionistas. Aunque, dadas las carencias y obsolescencias generadas por los años de crisis, a final de cuentas las universidades terminaron por participar con mayor intensidad en proyectos relacionados con la actualización y mejora de equipamientos.

En correspondencia con el programa modernizador, la administración del rector Humberto Filizola Haces inició con un plan de desarrollo institucional que llevó por título Una Universidad para Nuestro Tiempo, para significar con esto que la gestión se orientaría hacia la actualización, la puesta al día, la modernización de una institución que mostraba rezagos, tanto por los efectos de la crisis de los ochenta, como por la larga ausencia de procesos de actualización.

Como parte del proyecto universitario Una Universidad para Nuestro Tiempo, se inició un esquema de planeación participativa, mediante el cual se buscaba que las facultades perfilaran y elaboraran sus propios proyectos de desarrollo, adicionales a los que la rectoría generaba con una cobertura institucional. Así eran las reglas de las convocatorias para participar en el Fondo para la Modernización de la Educación Superior (FOMES). Esto significaba, por una parte, que habría que preparar el terreno y sensibilizar a la comunidad universitaria, pero por otra, posponer el inicio de un proceso mayor de reforma universitaria que llevaría más de un período de administración rectoral de cuatro años." (Universidad Autónoma de Tamaulipas, 1992, pág. 64)

Durante la primera mitad de la década, no solo mediante el Fondo para la Modernización se lograron importantes actualizaciones de equipamiento y de construcción de laboratorios, sino también mediante una férrea política de reordenamiento del gasto que permitió hacer importantes inversiones con recursos propios, no solamente se construyeron cinco espectaculares y útiles gimnasios para usos múltiples, sino también una gran red integral de telecomunicaciones que permitió un conjunto de innovaciones tecnológicas, cuya relevancia fue reconocida en diversos foros nacionales e internacionales (una de sus características más notorias fue la de integrar treinta salas de videoconferencia interactiva en distintos puntos del estado y enlazar a más de dos mil computadoras).

Esta infraestructura vino a atender grandes problemas de comunicación y cohesión universitaria, dado el carácter diseminado de la institución en las distintas ciudades de la geografía tamaulipeca. Pero adicionalmente esta red, tanto como los espacios de reuniones de los gimnasios, desempeñaron un importante papel en la preparación de los posteriores procesos de reforma; permitió sensibilizar y organizar el trabajo colectivo de planeación participativa mediante la conformación de comités de planeación en cada una de las facultades y escuelas, quienes - a través de la red - participaron activamente en un diplomado de evaluación curricular que arrojó como resultado un diagnóstico institucional en esta materia. Los resultados de este fueron diversos (Navarro & Sánchez, 2004), baste mencionar que la mayoría de los planes de estudio tenían alrededor de diez años (algunos casi veinte), sin una revisión.

Como parte de la formación de promotores del cambio institucional, con el apoyo financiero de la Secretaría de Educación Pública, también a través de la red se impartió en 1992 una Maestría en Educación Superior, en 1993 una Maestría en Docencia en Educación Superior y en 1995 una en Comunicación Académica, para especializar a los académicos en las tecnologías de la información.

Estos programas serían impartidos para una generación solamente, sin embargo, éstos fueron adoptados por distintas instancias universitarias, de tal forma que las dos últimas se siguieron impartiendo durante veinte años, aún fuera de la facultad de educación. En su momento, estos programas desempeñaron un papel importante en la formación y animación de los profesores que participaron activamente en los comités que estuvieron involucrados en los procesos de planeación participativa requeridos para dar respuesta institucional a las convocatorias del FOMES, así como para desempeñar tareas mayormente informadas que estaban previstas para el siguiente período rectoral.

Lo que si quedaba claro, desde el inicio de la administración rectoral de Humberto Filizola, era la necesidad de dar una mayor apertura y empoderamiento a los cuadros técnico-académicos para participar activamente en la estructura organizacional de la rectoría, a pesar de la resistencia por parte de actores políticos defensores de los esquemas del poder territorial. En los pasillos se podían escuchar algunos comentarios: "Esos académicos no van a poder con los grillos", "tienes que arrimarte a uno de los grupos, esta es una selva", "ahora si llegaron los tecnócratas", "los técnicos y los rudos". Sin embargo, conforme se vieron resultados financieros para la universidad, en respuesta a la presentación y defensa de proyectos, hubo un mayor convencimiento sobre la necesidad de apoyar a los cuadros técnico-académicos no solo de rectoría, sino también de las escuelas y facultades.

El nuevo esquema de planeación institucional iniciado con el primer período del rector Filizola estaba sustentado en la seguridad de que un plan institucional producido por una oficina central de rectoría no tendría los mismos niveles de adopción y compromiso que uno basado en proyectos producidos por los sectores académicos más dinámicos de las escuelas y facultades. Esquema ampliamente discutido en distintos círculos de planificadores de la educación (Navarro Leal M. A., 2021).

Desde un inicio se inició con la integración paulatina de comités de planeación en las escuelas y facultades para trabajar en torno a un diagnóstico institucional y en la definición consensuada de políticas y estrategias de cambio. Con estas se fueron definiendo, por agregación, las líneas institucionales del desarrollo, respetando siempre las propuestas académicas y operativas de cada facultad. Esta primera fase dio lugar a un primer volumen del Plan Maestro conteniendo tanto un diagnóstico institucional, como estrategias, líneas y proyectos de cobertura institucional, así como de las dependencias académicas. Proyectos que serían sometidos al FOMES, en búsqueda de su correspondiente aprobación y financiamiento.

Si bien el horizonte de planeación del plan maestro era de cuatro años, los proyectos en su mayoría fueron de uno a dos años, de acuerdo con la convocatoria del mencionado fondo. Con aquellos proyectos aprobados (no siempre con los montos solicitados), se hacían ajustes a la planeación y se avanzaba sobre un año más del horizonte de planeación para replantear proyectos e informar sobre avances logrados. Esto permitía la integración de un siguiente volumen anual del plan maestro con ajustes sucesivos y la verificación de cumplimientos.

Durante este período se generaron cuatro volúmenes del plan maestro. El primero, como ya se mencionó, contenía un diagnóstico así como estrategias y proyectos centrales y de facultades; el segundo y tercero se referían a actividades realizadas y alcances obtenidos (o por obtener) con los proyectos aprobados, así como planteamientos de nuevos proyectos o desdoblamientos de los anteriores; y, el cuarto volumen se integró con un reporte de los logros alcanzados durante el período y la identificación de líneas de futuro desarrollo (Guevara Cisneros, Lladó Lárraga, Navarro Leal, & Uvalle, 1993).

Como parte de la modernización de la UAT no se puede dejar de mencionar el fuerte y definitivo apoyo a la creación de Radio UAT, con una central en Ciudad Victoria y repetidoras en los principales municipios de Tamaulipas, además de sus transmisiones vía internet. Rápidamente se posicionó como una opción cultural con producciones propias. Así mismo, en este rectorado se sentaron las bases y se dio gran impulso a TV UAT, la cual con su magnífica producción ha recibido grandes reconocimientos.

15. LOS CENTROS DE EXCELENCIA

Al inicio de la década de los noventa, mediante el Fondo para la modernización de la Educación Superior (FOMES) se podía solicitar financiamiento federal para obras de infraestructura. En ese contexto la UAT solicitó recursos para construir lo que serían las Unidades Multidisciplinarias de Posgrado e Investigación (UMPI). Además de presentar los anteproyectos arquitectónicos, había que presentar modelos organizacionales, por lo que para ello se integró una comisión para trabajar durante un fin de semana en el Hotel de la Ex Hacienda Santa Engracia. La idea principal era la de promover el posgrado y la investigación de carácter multidisciplinario para lo cual, dadas las tensiones y divisiones territoriales establecidas por los liderazgos locales, se hacía necesario contar en los *campi* con un lugar políticamente neutro (una "Suiza universitaria", se dijo) para que los académicos de distintas facultades pudieran reunirse formal e informalmente con sus pares. De esa reunión salieron tres modelos: uno que simplemente consistía en un pequeño centro de convenciones con una cafetería; otro que consistía en auditorio, aulas, centro de cómputo y cafetería; y el tercero era como este último, pero adicionando un par de habitaciones para alojar profesores visitantes. No se pensó en alojar programas educativos como tales, sino en la programación de una gama amplia de actividades académicas como cursos cortos, talleres, seminarios, congresos. En los tres modelos habría un centro de documentación asociado a proyectos de investigación en curso, así como cubículos para trabajo en equipos.

Como suele suceder en la universidad, unos son los que conceptualizan, perfilan, diseñan y consiguen la aprobación y financiamiento para un proyecto y otros los que son designados para ejecutarlo. Fue así como la persona designada decidió implementar un proyecto diferente que se llamaría Centro de Excelencia, el cual albergaría en sus inicios dos maestrías (en tecnología educativa y en calidad), así como un doctorado en Educación Internacional.

En algunas universidades de los Estados Unidos y de Canadá ya operaban también centros con el mismo nombre dedicados a formación didáctica de profesores, algo similar a las funciones que, en la UAT, desde años atrás desempeñaba la Dirección de Desarrollo Académico. Centros de Excelencia con el tiempo se convirtió en un movimiento internacional que se fue diversificando como marca empresarial, como centros de vinculación, como centros de apoyo a la certificación de calidad en las empresas, como centros de apoyo para el aprendizaje de los estudiantes.

Pero en este centro se ubicaría también la administración de la red institucional de servicios telemáticos, que previamente estaba situada en el edificio de rectoría y desde donde se realizaron, por primera vez en el país, las primeras videoconferencias bidireccionales de carácter académico, tanto para impartir algunos cursos como para la coordinación de actividades relacionadas con un esquema institucional de planeación participativa.

En su momento, las maestrías y el doctorado impartidos por este Centro de Excelencia fueron muy exitosos e innovadores. Al combinar videoconferencia interactiva con la plataforma *Blackboard* fueron ejemplo tecnológico para otras universidades del país. Por cierto, que algunos directores de facultades llegaron a expresar que había una competencia desleal frente a sus programas de posgrado al no contar en estas con el apoyo de la red institucional de videoconferencias. Con el tiempo y la extinción de sus posgrados, dejó de ser considerado como dependencia académica y el término Centro de Excelencia se utiliza para designar al edificio que alberga un auditorio, cubículos y diversos espacios relacionados con la administración de la red de telecomunicaciones.

16. LAS PREPARATORIAS, EL PASO DE DOS A TRES AÑOS

Por una parte, el crecimiento de la demanda de nuevo ingreso frente a una menor expansión de la oferta en la educación superior, impulsaron la necesidad de aplicar criterios de selección y entre estos, los exámenes de ingreso jugaron un papel de gran importancia; por otra parte, las restricciones presupuestales de las que había venido siendo objeto el sistema educativo mexicano, provocó que el gobierno federal condicionara la asignación de recursos a partir de los logros encontrados en ejercicios de evaluación.

El hecho de que la evaluación naciera asociada a reducciones financieras fue motivo de críticas por parte de académicos. Brunner (1991) señalaba que ante un panorama de constante racionalización de recursos se presentaba la urgente demanda de mejoramiento sostenido de programas e instituciones; lo cual viene a facilitar la tarea de toma de decisiones sobre la distribución de recursos financieros ligada ésta a la calidad educativa.

Millares Méndez en (Glazman, 2005, pág. 267) y Aboites (2004). señalan que los conceptos de calidad, rendición de cuentas y control, forman parte del entorno educativo y surgen aparejados a principios de los años noventa, de ahí que se cuestione la supuesta neutralidad y la noción de que los procesos de evaluación son puramente técnicos.

Es en esta década que se apoya la creación de algunos organismos y programas como CENEVAL, CIEES, COPAES, PROMEP, entre otros, los cuales tienen entre sus tareas principales la evaluación, acreditación y/o certificación (según sea el tipo de organismo) de instituciones, programas, profesores y alumnos.

Si bien la evaluación se ha expandido en todos los campos y niveles educativos, interesó de manera particular lograr un acercamiento al nivel medio superior. El Subsecretario de este nivel, (Székely, 2007) declaró que, en México, la educación media superior está abandonada, no tiene identidad, ni mecanismos de evaluación, carece de criterios normativos y está desvinculada del sistema básico, del superior y del sector productivo, mismo pronunciamiento que ya se había emitido el sexenio anterior.

El gobierno federal planteó en el Programa Nacional de Educación 2001-2006, como inaplazable, crear las condiciones para contar con una educación media superior de buena calidad; una de las estrategias para ello era la realización de una reforma de la educación media superior para que este nivel tuviera las condiciones necesarias para responder con oportunidad y calidad a los retos de la sociedad del conocimiento y del crecimiento social y económico del país.

Las problemáticas relacionadas con el reto de elevar la calidad educativa en el nivel eran: a) baja eficiencia terminal, b) planes de estudio y ambientes escolares rígidos, c) currículo compuesto por una amplia variedad de estructuras en los distintos sistemas.

Las tres problemáticas enunciadas, dirigían la atención hacia la necesidad de revisar los planes y programas del nivel con miras a reducir la diversidad de la oferta a través del diseño de modelos curriculares flexibles y por créditos y facilitar la movilidad de los estudiantes en cada modalidad y entre las diferentes modalidades, todo lo anterior sustentado en la actualización de las bases normativas de las instituciones.

En el Programa Nacional de Educación se estableció que "para que la reforma curricular tuviera los efectos deseados, los diferentes sistemas y modalidades deberían integrar en sus planes y programas de estudio un conjunto de elementos comunes. En consecuencia, los egresados de la educación media superior podrían compartir capacidades genéricas, actitudes y valores, y conocimientos básicos humanistas, técnicos y científicos que los capacitaran para enfrentar en mejores condiciones los retos de la vida en sociedad, de la ciudadanía responsable, del mundo del trabajo y de su eventual ingreso a la educación superior" (Secretaría de Educación Pública, 2001).

La universidad contaba con dos preparatorias propias (Mante y Valle Hermoso) y con más de sesenta preparatorias particulares incorporadas. De acuerdo con las políticas mencionadas, había que someterlas a un proceso de reforma para homologar sus planes de estudio con el modelo general propuesto por la SEP para todas las escuelas de este nivel educativo en el país.

Las escuelas privadas se oponían a esta reforma porque de entrada significaba adicionar un año más a sus programas. Ya en todo el país, excepto en Tamaulipas y Coahuila, el nivel de bachillerato era de tres años. Argumentaban que frente a los CBTI's y los Colegios de Bachilleres el plan de dos años les daba ventajas comparativas y que, además, un año más significaría pérdida económica por parte de los padres de los estudiantes, al tener que invertir un año más de estudios para sus hijos y retraso académico en la medida en que ese tercer año debiera ser un año en la carrera profesional.

Por el lado de la universidad se argumentaba que la Universidad había permanecido al margen de las políticas de este nivel y que era necesario actualizar sus bachilleratos, pero por otra parte se esgrimía también que un año más de edad significaba una mayor madurez intelectual, así como un aplazamiento mayor para una decisión vocacional más racional e informada.

Pero, además, para apoyar esta argumentación se decidió realizar un estudio en el que se mostraba la diferencia en rendimiento académico entre egresados de programas de dos y de tres años. El estudio se basó en los resultados del EXANI II, examen del CENEVAL que es aplicado a quienes buscan ingresar a la educación superior y consiste en una prueba de razonamiento y conocimientos básicos consistente en 120 reactivos comunes y puede incluir hasta tres módulos temáticos de 20 reactivos temáticos.

La población de estudio estuvo compuesta por 8,738 alumnos que presentaron el Examen Nacional de Ingreso a la licenciatura en la UAT en el 2006, de los cuales el 21.96% egresaron de instituciones de dos años y el 64.10% de instituciones de tres años. Para realizar la comparación de los grupos de estudio se aplicaron algunas medidas de tendencia central, medidas de dispersión y pruebas de estimación: media, mediana y moda; desviación estándar y una prueba t (Lladó Lárraga, Navarro Leal, & Cruz Aguilar, 2007). Por supuesto que los resultados obtenidos fueron convincentes y la reforma del bachillerato tuvo lugar.

17. LAS UNIDADES ACADÉMICAS MULTIDISCIPLINARIAS

Históricamente, la UAT ha concentrado la mayor parte de su actividad en los *campi* de Ciudad Victoria y de Tampico-Madero, como un reflejo de la concentración demográfica de la entidad. Sin embargo, hacia el inicio de la década de los noventa el crecimiento de las ciudades fronterizas, convertidas en polos de atracción de corrientes migratorias, ya presentaba un cuadro diferente. Tan solo la población de la zona conurbada Reynosa-Río Bravo se hacía equivalente a la población de Tampico-Madero.

Hasta la primera mitad de los noventa, la UAT ofrecía solo Enfermería y Medicina, en Matamoros; Ciencias Químicas y Agroindustrias, en Reynosa; Administración y Enfermería en Nuevo Laredo. La Universidad debía crecer hacia el norte para atender tanto a las nuevas demandas poblacionales como a las demandas de los sectores productivos, pero ¿cómo hacerlo en un contexto de austeridad y racionalidad en el gasto público, en el que había restricciones para la creación de nuevos centros universitarios?

En 1995, como estrategia para ampliar la matrícula y atraer un mayor financiamiento (para operación, porque no había para inversión en infraestructura), la respuesta consistió en transformar a *esas* facultades en Unidades Académicas Multidisciplinarias y ampliar en ellas la oferta de disciplinas y programas. Fue así como en Reynosa, Ciencias Químicas y Agroindustrias se transformaron en UAM Aztlán y UAM Rodhe, respectivamente, adoptando los nombres de las colonias en las que están enclavadas. Enfermería de Matamoros fue más allá y se transformó en UAM Matamoros UAT, integrando a esta la carrera de Seguridad e Higiene, así como Psicología. También las facultades de Nuevo Laredo iniciaron procesos de diversificación de programas para convertirse en Unidades Académicas Multidisciplinarias.

Sin embargo, esta estrategia propuesta para las dependencias académicas ubicadas en las ciudades fronterizas fue adoptada también por el resto de las facultades, las cuales no quisieron quedarse atrás, puesto que la mayor parte de ellas ya habían diversificado sus programas en respuesta a las demandas de sus contextos locales, de tal forma que la fórmula propuesta para aquellas dependencias se generalizó a la mayor parte de las facultades de la Universidad, decidiendo los Consejos Técnicos locales, el nombre que cada una de ellas adoptaría. Afortunadamente, algunas que innecesariamente se sumaron a esta iniciativa, regresaron posteriormente a su nombre original de facultades.

18. LA REFORMA CURRICULAR MISIÓN XXI

La docencia es la actividad primordial desarrollada por la Universidad y, si bien durante la década de los ochenta hubo esfuerzos relacionados con la formación docente, la actualización curricular permanecía en el rezago. Un diagnóstico elaborado en 1978 por el Centro de Desarrollo Académico de la Dirección General de Planeación indicaba que "en la mayor parte de las escuelas y facultades no existían documentos que enunciaran la definición o características básicas del profesional que se estaba formando, solo se contaba con el *kardex* de cada carrera, refiriéndose con ello a un listado de asignaturas" (Navarro Leal M. A., 1994)".

Dicho diagnóstico permitió reconocer carencias importantes, de tal manera que a partir de 1978 y hasta 1980 se trabajó sobre la base de la estructuración de planes de estudio a partir de los perfiles académicos planteados por profesores y estudiantes, tratando de interpretar los perfiles profesionales requeridos para prestar servicios a la sociedad, y de ahí se desglosaban una serie de objetivos de distinto nivel a los cuales se les ataban los contenidos correspondientes. Sin embargo, en muchos de los casos puede decirse que la incorporación de propósitos de formación fue más retórica que funcional (Navarro Leal M. A., 1994).

Hacia 1983, se crea en Reynosa la Facultad de Agroindustrias, la cual, tardíamente, contenía en su diseño un buen conjunto de las propuestas de innovación que caracterizaron a los proyectos universitarios al inicio de los setenta: Interdisciplinariedad, troncos comunes, salidas laterales, etc. Solo faltó considerar mayormente un esquema departamental.

Hasta 1999 la UAT ofrecía 67 programas del nivel de licenciatura, en 22 Facultades y Unidades Académicas. De ese total de programas, podrían destacarse los siguientes rasgos:

- 43 programas operaban solamente en una Facultad o Unidad Académica, mientras que 15 se repetían (con algunas variantes) en 2 y hasta 4 sedes, sin que ello permitiera la movilidad de estudiantes entre los mismos.

- Por área de conocimiento, los programas se distribuían de la siguiente manera: 1) Ciencias Sociales y Humanidades (32 programas, 47.7%); 2) Computación (10 programas, 14.9%); 3) Salud (8 programas, 11.9%); 4) Ingenierías (6 programas, 8.9%); 5) Ciencias Agropecuarias (5 programas, 7.8%); 6) Ciencias Naturales y Exactas (4 programas, 5.9%) y; 7) Diseño (2 programas, 2.9%). Dentro del área de Ciencias Sociales y Humanidades, que es la que concentra casi la mitad de los programas aún vigentes, 11 de ellos corresponden a la subárea de Administración, Comercio y Contaduría. Este subconjunto representaba el 16.4% del total de programas de licenciatura en la UAT y el 34.3% del área de Ciencias Sociales y Humanidades.
- 2 programas tenían ciclos de operación anual y 65 operaban por ciclos semestrales (con una duración mínima de 8 semestres y máxima de 12).
- Casi la mitad de los programas (33) necesitaban ser evaluados y reformados o actualizados (en la mayoría de los casos, la fecha de la última revisión se encontraba en el rango de 8-10 años, aunque también había algunos casos extremos en los que la fecha de la última revisión se encontraba en el rango de 15-20 años y aún en el de más de 20 años).

Ante ese panorama, la Universidad enfrentaba el reto de actualizar sus programas académicos a las nuevas circunstancias, para lo cual era necesario definir nuevos perfiles, flexibilizar la estructura curricular. El trabajo colectivo que se generó con la reforma curricular en gran medida se canalizó a través de la estructura organizacional que se había venido conformando a partir de 1991, como producto de un esfuerzo continuo de planeación institucional participativa. Se crearon Comités de Planeación en cada una de las Facultades y Unidades académicas, lo que permitió contar con la base organizacional para iniciar las tareas concernientes a la primera etapa del proceso de reforma curricular.

La participación de los profesores en el proceso fue fundamental pues el diseño de los nuevos programas académicos de las distintas licenciaturas fue producto del trabajo colectivo, desarrollado primero al interior de cada Facultad o Unidad Académica, y después, en el caso de las carreras comunes, realizado por equipos de profesores adscritos a diferentes establecimientos escolares de la UAT. Esto contribuyó a fortalecer tanto la colaboración académica, como el trabajo colegiado al interior de la Universidad.

Dado el carácter diseminado de la UAT, la necesidad de comunicación entre los distintos grupos de trabajo académico fortaleció el uso de diversos mecanismos a fin de facilitar la interacción para el intercambio de información y la toma de decisiones: elaboración de documentos de trabajo, como guías o manuales; reuniones de trabajo presenciales con rotación de sedes o a visita recíproca; reuniones de trabajo a distancia, a través de la red universitaria de videoconferencia; comunicación por la vía informática, etc. De esta manera, los comités académicos trabajaron de manera exhaustiva, analizando y discutiendo sus propuestas hasta llegar a decisiones por consenso.

Como producto de todo este proceso de trabajo, se implementó un modelo curricular flexible que introdujo nuevas formas de transitar por los planes de estudio, nuevas formas de participación docente, nuevas formas de organización en las Facultades y Unidades Académicas, nuevos sistemas de gestión escolar y, actualización de la legislación universitaria. Sin embargo, aún está pendiente la posibilidad de integrar grupos con estudiantes de distintas facultades para cursar asignaturas comunes, sean estas optativas u obligatorias. Aún existen en la UAT las inercias de los antiguos esquemas de distribución territorial de los poderes locales.

A nuestro juicio, lo más importante de esta reforma, además de la actualización, en forma y fondo de los programas académicos y su gestión curricular y administrativa, así como su legislación y normatividad, fue el hecho de que se partió de conceptos y acciones generados por el personal académico de la propia institución, demostrando la capacidad suficiente para hacer uso cabal de su propia autonomía académica.

Aunado a lo anterior, la puesta en operación de la reforma y con ello del nuevo modelo académico permitió que bajo el principio de flexibilidad se hubiera podido crear una nueva modalidad de atención a la demanda denominada Unidades Académicas de Educación a Distancia (UNAED), las cuales se establecieron en poblaciones de baja concentración poblacional, pero con una fuerte infraestructura educativa y con demanda permanente de educación superior.

Así, en el marco de las políticas gubernamentales orientadas hacia el mejoramiento de la calidad y la rendición de cuentas, en la segunda mitad de la década de los noventa la Universidad Autónoma de Tamaulipas se sumó a los esfuerzos de reforma, emprendidos también por instituciones como la Universidad de Guadalajara y la Benemérita Universidad Autónoma de Puebla a las cuales, posteriormente, se agregarían también las de Baja California, la Autónoma del Estado de Hidalgo y la Veracruzana, entre otras. El eje de arranque consistía en la reforma curricular.

El avance de ésta traería consigo un impacto en otros aspectos de la vida institucional, como los servicios escolares, las actividades docentes, los procesos administrativos y la legislación institucional; una reforma cuya sedimentación tardaría varios años, pero que produciría cambios en procesos sostenidos por la institución durante sus casi 50 años de existencia. Básicamente, los propósitos de la reforma curricular fueron contribuir al mejoramiento de la calidad académica y de la eficiencia interna, al proponerse: a) Una actualización permanente de sus contenidos, b) Recuperación de aprendizajes relevantes de niveles educativos previos, c) Introducción de temáticas emergentes, y d) Flexibilizar secuencias formativas, velocidad de terminación y horarios, mediante la utilización del sistema de créditos curriculares.

Desde un inicio, la reforma curricular fue concebida como un proceso permanente y participativo de revisión y actualización de los planes y programas de estudio y que, asentado en un modelo curricular organizado por núcleos de formación, permitía la oferta y administración de programas académicos vigentes, relevantes y pertinentes en sus contenidos.

La flexibilidad curricular se entendía en tres sentidos: flexibilidad en el tiempo de terminación de estudios; flexibilidad en la especialización o acentuación, en donde las materias optativas estarían cambiando e incorporando lo más actual de cada profesión; flexibilidad en la rectificación, es decir, que ofrece la oportunidad de cambiar de carrera mediante un sistema de créditos; y además, permite que el estudiante participe en su programación, ya que tiene la opción de elegir los cursos de su interés, recibiendo orientación y apoyo de un tutor. Adicionalmente, se introdujo un conjunto de cursos comunes con propósitos varios, como recuperar aprendizajes de niveles educativos previos, habilitación instrumental para el trabajo académico, ubicación en la problemática de su contexto.

Esta reforma curricular entró en operación a partir del mes de enero de 2000, con los estudiantes de nuevo ingreso a las licenciaturas de la universidad, por tener en este una matrícula menor que en agosto. La operación de este nuevo esquema curricular trajo consigo procedimientos diferentes respecto a las inscripciones y la elaboración de nóminas de los profesores, además de distintos ajustes en la normatividad institucional.

Los procesos relacionados con la reforma curricular se llevaron a cabo a través de tres etapas de trabajo: etapa de preparación, etapa de rediseño y etapa de operación; en cada una de estas etapas se procedió con estrategias diferentes. A) En la etapa de preparación, para efectos de realizar coordinadamente distintas tareas relacionadas con el Plan Maestro, desde inicios de la década de los noventa, al interior de cada una de las facultades y unidades académicas multidisciplinarias (UAM) se integraron Comités de Planeación con la participación del secretario académico y coordinadores de carrera. Hacia fines de 1996 y principios de 1997, para promover la cultura de la evaluación y en preparación para la evaluación externa, la Coordinación de Planeación y Desarrollo Institucional preparó para ellos un Diplomado en Evaluación de Programas Académicos. Los trabajos realizados pusieron al descubierto un conjunto de problemas de índole curricular, tales como: carencia de una estructura orientadora para la construcción de los planes de estudio, programas sin actualizar, programas con igual denominación y enfoques y contenidos diferentes, falta de dosificación lógica y pedagógica de los contenidos disciplinarios de los programas académicos, alta seriación de asignaturas y rigidez secuencial de los contenidos, heterogeneidad en la forma y contenidos de los programas de estudio; se detectó también la necesidad de continuar con una cierta formación de los comités que les permitiera fundamentar propuestas innovadoras de reestructuración curricular. Esto marcó el arranque de la fase de iniciación de la reforma.

B) Etapa de rediseño. En el entendido de que los miembros de los Comités de Planeación serían quienes al interior de sus facultades apoyarían las reformas, hacia 1998 se decidió organizar un nuevo ciclo formativo sobre "flexibilización curricular", en el que se invitó a participar a personal de otras universidades que se encontraban en procesos similares de reforma, además de que se preparó un conjunto de materiales relevantes. Una estrategia de "agentes de cambio" ya se encontraba para entonces perfilada. Aunque simultáneamente, el entonces rector de la universidad, durante sus visitas a las facultades, estuvo promoviendo la idea de que en la actualización de los planes de estudio se adoptaran esquemas flexibles y por créditos, al tiempo que se incluyeran algunos cursos de instrumentación en idiomas y tecnologías de la información. Este llamado de la autoridad permitió disuadir a quienes todavía se mostraban renuentes a la reforma. También durante 1998, se inició una experiencia piloto con la Facultad de Arquitectura, aprovechando su reciente evaluación y recomendaciones de los Comités Interinstitucionales para la Evaluación de la Educación Superior (CIEES).

Esta experiencia permitió definir lineamientos y actividades para preparar la siguiente fase de la reforma con metodologías de trabajo, instrumentos sistematizadores e integradores de información, estructura del modelo curricular, elementos normativos para la integración de los núcleos de formación, clasificación y definición de los tipos de asignaturas curriculares (obligatorias y optativas) y co-curriculares (con validez curricular pero sin asignación de créditos), criterios para la asignación de cargas mínimas y máximas de horas y créditos y su dosificación por periodos escolares, y aspectos orientadores para la elaboración de los programas de estudio.

C) Etapa de operación. La reforma curricular se puso en marcha con los estudiantes que tuvieron su nuevo ingreso en enero de 2000, para ellos se elaboraron dos documentos informativos sobre el nuevo esquema curricular, uno en multimedia y otro impreso con ilustraciones. Asimismo, se establecieron las normas para estudiantes en este nuevo régimen curricular, mismas que para el 2002 pasaron a formar parte del Reglamento General de Estudiantes. En esta misma etapa de operación, se plantearon tres momentos para la implantación total de la reforma curricular. Fase local año 2000, en la cual los nuevos programas académicos habrían de iniciarse y ofertarse exclusivamente para los propios estudiantes de cada facultad y unidad académica; en esta fase la movilidad estudiantil hubo de darse exclusivamente entre las carreras y al interior de cada facultad y unidad académica. Fase intracampus 2001, posibilidad de movilidad entre programas y facultades integrados a un campus e inicio del periodo escolar de verano, para que los estudiantes avancen o recuperen créditos. Fase general año 2002: todos los programas académicos de la universidad se ofertan a la totalidad de los estudiantes y la movilidad estudiantil es total en la UAT.

La operación del nuevo modelo curricular no fue fácil, diversas resistencias se fueron encontrando: de tipo administrativo, tales como el tránsito de alumnos entre facultades, el cambio de adscripción de programas académicos, el uso compartido de infraestructura, y de tipo académico como el rol de tutor entre los docentes. No obstante, también se presentaron oportunidades para mejorar los sistemas de ingreso, inscripciones y reinscripciones, así como los sistemas de elaboración y aprobación de nóminas de personal académico tuvieron que cambiar para dar paso a las oportunidades de movilidad de estudiantes y profesores, integrando grupos de distintas carreras y facultades; la elaboración de los horarios de clase para estudiantes que ya no pertenecen a generaciones semestrales convencionales; la introducción de un nuevo periodo escolar en verano, para aquellos estudiantes que desearan adelantar cursos; la organización de academias de profesores para diseñar y aplicar exámenes "departamentales".

Las lecciones. Sin lugar a duda, la reforma curricular representó para la universidad una gran experiencia que dejó aprendizajes institucionales para continuar avanzando en su transformación. Internamente, tanto para la vida de las facultades y unidades académicas, como para la institución, las lecciones fueron variadas; por ejemplo, la reforma curricular tuvo un efecto dominó. En términos de los estudios sobre el cambio organizacional, el cambio curricular en la UAT se considera como una reforma y no como una innovación, en tanto que se trató de una intervención que no solo incidió en un aspecto particular, aislado y limitado sino también en todos aquellos aspectos relacionados con la enseñanza, el aprendizaje, la evaluación, la formación de profesores, los procesos y servicios escolares, la organización interna de las facultades y unidades académicas, la forma de organizar los horarios y el calendario escolar, la elaboración de las nóminas para el pago a profesores, una reorganización en la administración de la planta física, así como cambios en el Estatuto Orgánico y diversos reglamentos.

Se requirieron estrategias múltiples de intervención. Por la complejidad organizacional de la universidad, tanto como por la complejidad de la materia de esta reforma, se hubo de recurrir a distintas estrategias (Navarro Leal M. A., 1983), la más notoria de ellas fue la de "formación de agentes de cambio", mediante la cual se involucró y entrenó al personal académico que, a través de la figura de Comités de Planeación, se encargarían de preparar los cambios específicos en los planes de estudio de cada uno de los programas, así como de la operacionalización de la reforma en cada una de las facultades; las estrategias de mayor directividad estuvieron también presentes a través de la disuasión por parte de la autoridad hacia aquellos núcleos o elementos universitarios que pusieron mayor resistencia; las estrategias de comunicación-difusión permitieron prever la necesidad de diseñar y distribuir información suficiente y oportuna tanto para profesores como para estudiantes. Se requiere involucrar a todos los sectores universitarios El grueso de las actividades relacionadas con las distintas fases de la reforma, desde su preparación hasta la operación, estuvieron dirigidas tanto hacia el personal académico de tiempo completo, como hacia el personal directivo de facultades y unidades académicas, como se puede corroborar de la narración anterior, sin embargo consideramos que faltó realizar un trabajo mayor tanto con los profesores de asignatura, como con el personal administrativo y secretarial, no solo para vencer resistencias a los cambios, sino también por su potencial de apoyo y orientación que no pudieron ofrecer a los estudiantes, especialmente en procesos y servicios escolares como la inscripción, la selección de asignaturas o la elaboración de horarios. El personal administrativo y secretarial debe también apropiarse de los procesos de reforma.

La reforma curricular requiere casi una década. Si bien en la Universidad Autónoma de Tamaulipas, el tema de la actualización curricular estuvo presente en el discurso oficial y planes institucionales desde la década de los ochenta, fue hasta finales de 1996 cuando se dieron los primeros pasos hacia su preparación, mediante un diplomado en Evaluación de Programas para los miembros de los Comités de Planeación de las facultades y unidades académicas. La operación del nuevo currículo se inició en el año 2000 y las primeras generaciones de la reforma iniciaron su egreso hacia el 2004. A este lapso de tiempo se debe añadir otra fase que permita un seguimiento de los egresados y su consecuente retroalimentación, por lo que en conjunto estamos frente a un proceso cuya duración es de casi diez años, por lo que deben preverse aquellos mecanismos que aseguren que la reforma trascienda los periodos rectorales que en las universidades mexicanas son regularmente de cuatro años (Navarro Leal & Sánchez Rodríguez, 2004).

19. INNOVACIONES SIN ADOPCIÓN

Una reforma se compone de un conjunto de innovaciones, las cuales a lo largo de su implementación pueden ir teniendo un destino diferenciado. Mientras que algunas encuentran rápidamente un proceso de adopción, otras encuentran resistencias mayores que las llevan hacia modificaciones como condición para su adopción, mientras que otras simplemente sufren un franco rechazo.

En la reforma Misión XXI hubo innovaciones que no prosperaron y que con el tiempo han ido quedando en el olvido. La más notoria fue la relacionada con la movilidad entre facultades o unidades académicas con la posibilidad de integrar grupos con estudiantes de distintos programas pero con asignaturas comunes. Es más, aún hay algunas facultades que ni siquiera han podido tener movilidad entre sus propios programas. En parte, esta es herencia de la división territorial de poderes que preservan las dinámicas independientes e inhiben procesos de integración institucional; como también lo es la posibilidad de que los estudiantes que cursaran el núcleo de formación básica en las Unidades de Educación a Distancia (UNAED) se trasladaran a las facultades con una tramo de la carrera ya cursada; e incluso la articulación de los cursos de inglés de las facultades con el programa institucional de los Centros de Lenguas y Lingüística Aplicada. En las dirigencias de las facultades sigue imperando una visión parroquial que inhibe la posibilidad de establecer programas transversales.

La adopción de una métrica formativa por créditos académicos solo sirvió para medir las cargas horarias que debían tener los programas según su nivel (licenciatura, especialidad, maestría, doctorado), más nunca se planteó como un instrumento de flexibilidad y movilidad para integrar asignaturas y actividades obligatorias, optativas, teóricas, prácticas, etcétera.

Por otra parte, también algunos elementos del núcleo de Formación Básica Universitaria tuvieron resistencia e incomprensión. Una crítica inicial de este núcleo provenía de algunos profesores que argumentaban que todo ese tiempo de horas curriculares dedicadas a dicho núcleo era un tiempo que se le quitaba a las materias propias de la profesión. Este núcleo consistió en un conjunto de asignaturas que todos los estudiantes de licenciatura debían cursar en respuesta a un conjunto de problemas ampliamente reconocidos por los profesores, tales como el bajo nivel de dominio de operaciones matemáticas elementales, débiles capacidades de lecto-escritura, la ausencia de hábitos de estudio, bajo nivel de dominio en habilidades computacionales y en inglés, desconocimiento de la historia, la geografía y características de la economía y el desarrollo tamaulipeco, ausencia de capacidades crítico-reflexivas sobre aspectos éticos, sobre globalización y sobre cuidado del medio ambiente.

Con el propósito de recuperar aprendizajes relevantes y no logrados en niveles educativos previos se introdujo un curso de matemáticas básicas y estadística elemental, cuando menos a un nivel de comprensión y operación de expresiones numéricas cotidianas; así como también un curso de habilidades para aprender, lo cual va iba más allá de un taller de lectura y redacción, para incluir hábitos de estudio, elaboración de resúmenes, mapas mentales y conceptuales, presentaciones.

En el ámbito de la habilitación instrumental para el trabajo académico se introdujo un curso opcional de Introducción a las Tecnologías de la información, así como inglés. El primero consistía en alcanzar un cierto dominio del Office de Microsoft a ser acreditado en alguno de los laboratorios de cómputo de la UAT y para el idioma extranjero el nivel intermedio medio del Marco Común Europeo de Referencia para las Lenguas. Este se podría cursar tanto en el Centro de Lenguas de la universidad o en cualquier otra institución y solo habría que presentar una certificación reconocida como requisito para su titulación.

Ubicación en la problemática contextual. Incluyó un curso sobre los Retos del Desarrollo de Tamaulipas que se iniciaba con algo de historia y geografía de Tamaulipas, y se continuaba con temas relacionados con el desarrollo sectorial de la entidad. Los profesores consideraron importante ubicar a los estudiantes en el contexto y la problemática en la cual participarán y harán sus aportaciones como profesionales, especialmente para quienes llegan a esta universidad provenientes de otras entidades del país, generalmente de Veracruz y de San Luis Potosí.

Otra asignatura con este mismo propósito fue la de Cultura y Globalización, ya que por una parte se ha producido un fenómeno de transculturación, que genera un trastocamiento en la percepción de valores y costumbres nacionales y que merece una reflexión crítica que permita la adopción de posiciones entre la "cultura universal" y las culturas locales. Pero por otra parte, se ha producido también una trasnacionalización de mercancías culturales destinadas a la masificación de su consumo y cuya reflexión debe conducir al rescate de los valores y productos culturales que han trascendido a través de la historia, frente a la producción cultural de vida efímera o "cultura chatarra". Los contenidos a discutir aquí guardaban cercanía con la figura formativa de ciudadanía global, promovida por UNESCO (UNESCO, 2024).

Por último, con el propósito de incorporar contenidos formativos emergentes a través de dos materias: una con el nombre de Medio ambiente y Desarrollo Sustentable y otra con el nombre de Profesión y Valores. Con la primera se buscaba generar conciencia sobre los planteamientos y compromisos de los países en el ámbito global, pero también sobre los compromisos y acciones de carácter local que se deben atender.

Con el objeto de sugerir contenidos y actividades para estas asignaturas se editaron y publicaron libros que no tendrían un carácter normativo, ni mucho menos exclusivo. Sin embargo, como adquirieron orden de segunda prioridad, frente a las asignaturas mayormente relacionadas con las profesiones, les fueron asignadas como "materias de relleno" a profesores que en muchos de los casos ni tenían relación con sus perfiles académicos, ni tenían interés en desarrollarlas.

Uno de estos profesores manifestó en una reunión de academia que a un mes de haber iniciado el período escolar ya había agotado el libro de Habilidades para Estudiar y que no sabía qué hacer durante los meses siguientes. De la misma manera, respecto a Profesión y Valores una maestra comentó en su academia que ella estaba enseñando a sus estudiantes de contaduría la teoría de Piaget sobre el desarrollo moral, cuando la idea de este espacio curricular era la de llevar a clase discusiones sobre dilemas morales, preferentemente llevar a personas de distintas profesiones para que plantearan discusiones sobre problemas éticos relacionados con su quehacer. También se proponía la discusión de dilemas que no siempre encuentran un espacio de discusión en casa, como el embarazo prematuro, el consumo de drogas y otros. Faltó una mayor comprensión sobre la idea de que el *curriculum* no se agota en un plan de estudios.

Por otra parte, otro de los temas que no fueron suficientemente comprendidos fue la tesis. Como para algunas facultades la tesis se había ya convertido en una opción, entre varias, para titularse. Se decidió que podría generalizarse a cambio de que en todos los programas, además de los cursos de metodología que ya existían se introdujeran dos seminarios de investigación (con valor curricular) durante los últimos dos semestres y que en estos se desarrollara un proyecto de investigación de calidad similar al de una tesis, que se asignaran asesores de investigación, así como jurados (tal como se hace en otras instituciones como la Universidad Autónoma Metropolitana). Sin embargo, algunos profesores se resistían a esta innovación argumentando que necesitaban tener tesistas para mantenerse en el Sistema Nacional de Investigadores, cuando en realidad todos los estudiantes estarían trabajando en una "tesis".

LA TRANSICIÓN

20. FISCALIZACIÓN Y AUTONOMÍA

En el contexto de la transición política en el gobierno federal, mediante la cual Vicente Fox, del Partido Acción Nacional asume la presidencia, con fecha 29 de diciembre del 2000, a ocho columnas, un diario local (El Diario de Ciudad Victoria, 2000) destacaba que un juez federal había concedido un amparo a la Universidad Autónoma de Tamaulipas, para detener a la Legislatura LVIII en sus pretensiones de auditar las finanzas universitarias a través de la Contaduría Mayor de Hacienda. Destacaba también que una vez que la Suprema Corte diera su fallo a favor de la UAT, este caso sentaría jurisprudencia para la defensa de la autonomía de las universidades públicas mexicanas.

En ese contexto, el diputado local panista Pedro Granados Ramírez, presidente de la Comisión de Hacienda y Crédito había estado buscando un punto de acuerdo para que se aprobara la fiscalización a las finanzas de la UAT, sin lograrlo por la situación minoritaria de su grupo parlamentario.

En su argumentación mencionó que "ya el Gobierno Estatal, en voz de Tomás Yarrington y Homero Díaz, la Presidenta de la Gran Comisión del Congreso del Estado Diputada Mercedes Guillén Vicente, el Rector de la UAT Ing. Humberto Filizola y algunos abogados asignados al asunto, se han manifestado en contra de la fiscalización de la Universidad bajo la bandera de la autonomía universitaria y han calificado de inconstitucional e improcedente dicha auditoría federal" (Granados Ramírez, 2000).

La dimensión alcanzada en la autonomía de la Universidad permitió establecer una controversia Constitucional, en tanto que la LVIII Legislatura no podría proceder contra atribuciones otorgadas por ordenamientos del Congreso Local, como las señaladas páginas atrás haciendo alusión a una segunda autonomía. Si bien es cierto que las políticas de rendición de cuentas se habían establecido en las últimas décadas, incluyendo las auditorias financieras, también es cierto que éstas deberían proceder en los términos normativos y contables que las universidades, por su autonomía legislativa, se dieran a sí mismas. Por supuesto que la Suprema Corte no falló a favor de las universidades y en el seno de la Asociación Nacional de Universidades e Instituciones de Educación Superior (ANUIES) se acordó que las universidades públicas estatales entregarían sus informes financieros a las autoridades federales y de los estados, además de que estos se publicarían en sus páginas web, para mayor transparencia.

A finales del 2002 ocurrió un desplazamiento de los llamados "líderes universitarios", que en su momento desempeñaron un papel de control territorial al distribuirse las facultades de la universidad con el empoderamiento de quien fuera Rector en la segunda mitad de la década de los setenta. En ese proceso, el Rector Filizola también abandonó la Universidad al terminar su tercer período Rectoral en marzo del 2003.

21. MILLENIUM III

El abogado que llevó este caso por parte de la UAT, en ese entonces había llegado –no exento de conflicto- a la Dirección de la Unidad Académica Multidisciplinaria Francisco Hernández García (antes Facultad de Derecho). Tres años más tarde, el 7 de marzo del 2003, el Lic. Jesús Lavín Santos del Prado tomó posesión como Rector de la UAT.

Ya iniciado el siglo XXI, el Rector Jesús Lavín Santos del Prado propone a la comunidad universitaria el proyecto universitario Millenium III, cuyo plan de desarrollo incluía algunas continuidades, pero también importantes aportaciones.

En el contexto federal, la esperanza de la transición democrática aún flotaba en el ambiente, modificaba el discurso político, pero las políticas de educación superior mostraban signos de continuidad. Desaparece el Fondo para la Modernización de la Educación Superior (FOMES) y toma su lugar el Programa Integral de Fortalecimiento Institucional (PIFI). Sus líneas de desarrollo fueron básicamente las mismas, aunque de manera mayormente inductiva apoyó, con recursos financieros extraordinarios, a proyectos orientados al mejoramiento de la calidad de la educación. Se incentivó a las instituciones a formular "programas integrales para su fortalecimiento a partir de la mejora de sus insumos, procesos y resultados educativos, y que sus proyectos se apeguen a lo establecido en los objetivos, líneas de acción y metas del programa integral" (Secretaría de Educación Pública, 2001, pág. 196).

Desde sus inicios, este programa proponía específicamente "la superación del profesorado y cuerpos académicos, atención a recomendaciones de evaluación externa, actualización y flexibilización de planes y programas de estudio, incorporación de enfoques educativos centrados en el estudiante, atención individual y grupal mediante tutorías, intensificación del uso de tecnologías de la información, programas para hábitos y habilidades de estudio, mejoramiento de tasas de retención y titulación, estudios de egresados y empleadores". Elementos que correspondían a un desdoblamiento de lo que en el mismo Programa de Desarrollo Educativo se reconocía como "paradigma de un programa educativo de buena calidad". (Navarro M. A., 2005)

En el contexto de la búsqueda de la calidad, la gestión del Rector puso énfasis en el desarrollo curricular, en la habilitación, certificación académica e internacionalización de los profesores, en la evaluación externa y la acreditación de programas, la construcción de los centros de lenguas y la continuación de las bibliotecas centrales de los campus de Tampico- Madero y Ciudad Victoria.

El modelo curricular Misión XXI fue sometido a algunos ajustes que le dieron una mayor funcionalidad en su operación, se actualizó la normatividad y se intensificó la evaluación externa por parte de los Comités Interinstitucionales para la Evaluación de la Educación Superior (CIEES). En este período, más de la mitad de los programas de licenciatura fueron evaluados por estos comités.

Si bien durante la administración del Rector Filizola hubo una internacionalización incipiente, especialmente a través de la integración de consorcios universitarios que fueron apoyados por el Fondo para la Movilidad Académica de América del Norte, del cual nació el Doctorado en Educación Internacional, durante el rectorado del Lic. Lavín este proceso se vio altamente favorecido.

En varias ocasiones, el Rector personalmente recorrió diversas universidades españolas para firmar convenios, de tal forma que con recursos del Promep (Programa de Mejoramiento del Profesorado) y con recursos de la propia institución, fue la época en que la Universidad ha tenido el mayor número de profesores estudiando posgrados, tanto en universidades nacionales como en el extranjero. Igualmente, también se distribuyeron becas entre los mejores estudiantes egresados de licenciaturas y maestrías para que continuaran estudiando.

Adicionalmente, tanto para motivar a la superación de los profesores, como para mejorar los indicadores institucionales, al final de cada año el Rector entregó una suma de 50 mil pesos para aquellos que alcanzaban, o mantenían, su nombramiento de perfil Promep y 100 mil pesos para cada uno de los que fueran reconocidos como miembros del Sistema Nacional de Investigadores. Esto independientemente del Programa de Estímulos del Gobierno Federal. Como resultado de este incentivo adicional, en tres años la institución contó con 477 profesores con perfil acreditado en PROMEP y el número de integrantes al Sistema Nacional de Investigadores pasó de 13 a 67. A partir del 2003 el impulso a la producción científica fue definitivo y sentó las bases para generar una histórica tendencia ascendente que a través de los años se vio reflejada en los indicadores de publicaciones de alto impacto (Caballero Rico, Uresti Marin, & Ramírez de León, 2012).

22. LOS CENTROS DE LENGUAS Y LINGÜÍSTICA APLICADA

Para atender las necesidades del modelo educativo se pusieron en operación los Centros de Lenguas y Lingüística Aplicada, que venían trabajando con limitaciones en algunos espacios y en aulas prestadas por algunas Unidades Académicas. En Ciudad Victoria se construyó un edificio, de 2,886 m^2 en dos plantas, con 28 aulas, dos salas de videoconferencia, cubículos con capacidad para 15 profesores, una Mediateca, en la que 650 estudiantes podían practicar diariamente, y dos laboratorios de escritura académica. Todas las áreas del edificio conectadas a través de una red LAN que ponía a disposición de los usuarios materiales multimedia y software para el aprendizaje de lenguas.

Se registró como centro autorizado por *Educational Testing Service* en los Estados Unidos para la aplicación de TOEFL por Internet, y como centro de aplicación de los exámenes de la Universidad de Cambridge, Inglaterra. En total, el Centro de Lenguas y Lingüística Aplicada fue diseñado con una capacidad para atender a 5 mil estudiantes en un horario de 7 de la mañana a 10 de la noche durante los siete días de la semana. De la misma manera, con características similares se inició la construcción del Centro de Lenguas del Campus Tampico-Madero.

El plan Millenium III incluía la instalación de una segunda etapa de la reforma curricular incorporando nuevos componentes, entre otros, el aprendizaje de una lengua extranjera (preferiblemente inglés) hasta un nivel de dominio intermedio medio (B1 de la Certificación Nacional de Nivel de Idioma), como un requisito para la titulación. La internacionalización de las economías, el acceso a información científica y la búsqueda de una mayor competitividad de los egresados en los mercados de trabajo, fueron elementos incluidos en la justificación de esta innovación. Los coordinadores de cada uno de los programas y sus equipos de trabajo estuvieron de acuerdo en iniciar esta innovación como parte de la reforma curricular.

Si bien en algunas facultades ya se llevaban cursos de inglés, incluidos en los planes de estudio de algunos programas, existía también un pequeño centro con laboratorio de idiomas, ubicado en la Facultad de Agronomía. El rector de entonces decidió que desde ese centro se organizaran los cursos de idiomas para todas las facultades y así surgió el programa institucional de inglés, que fue creciendo, utilizando aulas prestadas en varias facultades, así como en el edificio llamado Centro de Excelencia.

En la edición 2005 de la reforma curricular, se introdujo la iniciativa de que todos los estudiantes acudieran a este Centro a tomar la totalidad de los cursos necesarios para adquirir el nivel de dominio B1; sin embargo, como en las facultades ya se contaba con algunos profesores de inglés, los directores negociaron que estos no fueran transferidos al Centro sino que permanecieran en dichas dependencias para hacerse cargo de los primeros dos cursos de inglés, después de los cuales los estudiantes continuarían con los cursos en el CELLAP. Cabe mencionar que parte de los profesores de las facultades no estaban certificados en la enseñanza de la lengua; y en varios casos, ni en su dominio.

El Centro prestó sus servicios de enseñanza del inglés y adicionalmente desplegó un importante programa destinado tanto a la certificación, como a la formación de profesores del área. En complemento, se envió a profesores a estudiar posgrados en universidades extranjeras y se inició una licenciatura en lingüística aplicada, para formar también a los profesores requeridos para impartir inglés en las escuelas de los distintos niveles educativos del estado. Como centro certificador del dominio del inglés se aplicó el TOEFL institucional, pero los estudiantes también podrían ser certificados mediante el EXIT (Examen de Inglés de Tamaulipas), instrumento diseñado y calibrado por esta instancia. Esta opción tenía un costo menor que el primero. Aquellos estudiantes que ya tuvieran un cierto dominio de la lengua inglesa o de otra, deberían también acudir al CELLAP para que ahí les validaran la posesión de al menos un nivel B1 en el dominio de una lengua extranjera.

Al iniciar el año 2006, un nuevo rector tomó posesión y unos meses más tarde transfirió la dirección del CELLAP de Victoria a la Unidad Académica de Ciencias, Educación y Humanidades; y la dirección del CELLAP de Tampico-Madero a la Unidad Académica de

Ciencias Jurídicas y Sociales. Esto trajo consigo algunas consecuencias inmediatas, como el hecho de ampliar la proporción de estudiantes externos, sacrificando espacios correspondientes a los estudiantes de la institución.

Si bien las primeras generaciones de esta reforma curricular tuvieron un alto nivel de adopción de la innovación, a través del tiempo su adopción fue decayendo y esta fue sufriendo ciertas adaptaciones. En algunas facultades el aprendizaje del idioma dejó de ser un requisito para la titulación, el CELLAP decidió que bastaba con que los estudiantes cursaran hasta el nivel 6 de su programa, haciéndolo equivalente al nivel B1 de dominio, además de que esta dependencia redujo sus horarios de servicio, disminuyendo su capacidad instalada; pero lo más grave fue que a las últimas generaciones de estudiantes no se les hizo saber que después de llevar los dos niveles introductorios de inglés en sus facultades deberían dirigirse al CELLAP a continuar sus estudios del idioma para poder gestionar su título profesional.

Diez años después una gran cantidad de egresados no habían podido obtener su título por no cumplir con el requisito del dominio indicado del idioma; a ellos habría que sumar a las generaciones próximas a egresar que no llevaron sus cursos de inglés, por lo que este cuello de botella generó diversos niveles de tensión y conflicto al interior de las facultades y unidades académicas.

Paulatinamente, el artefacto socio técnico fue siendo retirado de su función catalizadora de esta innovación. Primero, porque nunca se remontó la ausencia de coordinación entre los cursos del CELLAP y los de las facultades y unidades académicas, prueba de ello es que en una gran parte de los casos los estudiantes que, habiendo realizado sus dos cursos iniciales de inglés en estas dependencias, su examen de ubicación indicaba que tenían que iniciar desde el introductorio. Segundo, al entregar el rector los CELLAP a las mencionadas unidades académicas, los puso en manos de personal que ni estaba familiarizado con la innovación curricular llevada a cabo en las dependencias académicas, ni se trataba de personal formado en el área de la enseñanza de lenguas. Esto canceló radicalmente la función catalizadora de la innovación con la que se crearon estos centros e iniciaron una misión distinta a la que originalmente se les había asignado.

En un intento por rescatar la innovación, aunque parcialmente, y ante la falta de claridad sobre el destino institucional de la misma, hacia el 2012 el rector en turno emitió un Acuerdo en el que se ratificaba que eran los CELLAP, las instancias calificadas para otorgar las constancias de dominio de la lengua para poder gestionar el título de licenciatura en la Dirección de Servicios Escolares de la UAT. Acuerdo que no tuvo la suficiente difusión entre los estudiantes, mientras que el rezago de egresados sin título se seguía acumulando.

23. INTERRUPCIÓN ABRUPTA

Jesús Lavín Santos del Prado no llegó a su tercer informe de labores, su período de gestión se vio abruptamente interrumpido. Entre el sábado 22 y el domingo 23 de octubre del 2005, en un hotel de Ciudad Victoria, sin su presencia y sin que existiese renuncia de por medio, contra lo establecido en los estatutos de la casa de estudios, se consumó la asunción a la rectoría de José María Leal Gutiérrez, hasta entonces director de la Unidad Académica Multidisciplinaria Rhode de Reynosa.

La misma noche del domingo, cuando la Asamblea Universitaria –con la presencia de 14 directores de las 24 facultades– decretaba que había un rector interino; Lavín fue entrevistado por un medio local y rechazó hubiese firmado su renuncia. Igual, al día siguiente, el rector provisional acabó por aceptar que no existía un escrito que hiciera oficial la dimisión de su antecesor. Sin embargo, el relevo se consumó. Los columnistas de varios medios difundieron la especie de que la razón de este ilegal abrupto habían sido las declaraciones públicas del rector Lavín sobre el incumplimiento financiero de la proporción correspondiente al gobierno estatal (Sánchez Treviño M., 2005; Campos, 2020; Proceso, 2005). En el contexto de la agenda neoliberal, puesta en marcha a partir de la reestructuración económica de los noventa, la conducción de la Universidad Autónoma de Tamaulipas, mediante el condicionamiento de recursos extraordinarios, ha tenido una fuerte influencia en el devenir de la institución; sin embargo, por su complejidad, esta conducción no ha sido tersa, a esta concurren los movimientos del polígono de fuerzas del poder local, tanto como las capacidades de gestión y liderazgo del rector en turno y, cuando lo hay, su propio proyecto de universidad.

24. UNA UNIVERSIDAD EMPRENDEDORA

José Ma. Leal Gutiérrez cubrió como interino el tiempo faltante del rectorado de Jesús Lavín. Gobernó un primer período del 2006 al 2010 y un segundo período del 2010 al 2013. En ambos períodos el eje principal del discurso fue el concepto de "universidad emprendedora". A esta noción dedicamos los siguientes párrafos, para contar con algunos elementos teóricos que permitan una apreciación cabal sobre el significado de dicha noción.

Sheila Slaughter y Larry Leslie (1997) en su conocido libro Capitalismo Académico, estudiaron el desarrollo de políticas de educación superior y de investigación que respondieron a la emergencia de los mercados globales en Australia, Canadá, Reino Unido y los Estados Unidos. De allí pasaron al análisis de las implicaciones de estos cambios de política y el compromiso de los académicos con actividades emprendedoras y con la generación de ingresos externos, moviéndose de una actividad escolar autónoma, hacia una participación más abierta en el mercado del conocimiento y la tecnología.

Con el tiempo, en el contexto de una economía más globalizada, en la que el conocimiento se revalora como un insumo importante para la producción de bienes y servicios, la universidad se enfrenta al reto de la producción y aplicación de conocimiento en una relación mucho más cercana con los sectores productivos. Términos como los de vinculación, competitividad, productividad, competencias, han pasado a ser no solo parte de la retórica universitaria sino de las actividades cotidianas, en algunas instituciones. Algunas universidades ahora cuentan con departamentos encargados de los negocios universitarios y las estadías y competencias laborales ya forman parte del currículo. Algunas universidades de Inglaterra, Escocia, Holanda y Finlandia son reconocidas como emprendedoras (Clark, 1983) (1998) por su orgánica interacción con los sectores productivos.

Clark (2001) (2004a) argumenta que las universidades son emprendedoras cuando están dispuestas a maximizar el potencial de comercialización de sus ideas y creación de valor en la sociedad, sin ver en esto una amenaza para sus valores académicos. En esto hay un reconocimiento a la necesidad de un fondo diversificado que incluya un cierto porcentaje de ingresos provenientes de fuentes no-públicas.

El *emprendedurismo intelectual*, para Richard Cherwitz, profesor de comunicación y retórica de la Universidad de Texas en Austin, "la creación de riqueza material es solo una expresión del emprendedurismo, pero esto no es un negocio, es una actitud para relacionarse con el mundo, un proceso de innovación cultural" (Cherwitz, 2010).

Burton R. Clark (2004b)reconoce cinco características que son cruciales para la autonomía y la viabilidad económica de las universidades: un fuerte grupo dirigente, una diversidad de fuentes financieras, una estrecha conexión con la comunidad local, un cuerpo académico fortalecido y una cultura emprendedora. El mismo Burton Clark reconoce que quizás el término "universidad emprendedora", utilizado como clave de un marco organizacional fue muy provocador y que tal vez hubiera sido mejor utilizar un término más suave, como "universidad proactiva" o "universidad innovadora" (Clark, 2004b).

Para Gibb & Hannon (2011) el paradigma empresarial es un medio por el cual las organizaciones y los individuos hacen frente a la incertidumbre y la complejidad. Argumentan que las universidades son empresariales cuando están dispuestas a maximizar su potencial para la comercialización de las ideas y para crear valor en la sociedad sin amenazar sus valores académicos. El énfasis se pone sobre la creación de vínculos con la comunidad para resolver problemas e identificar oportunidades.

Como menciona Crow (2011) "la empresa y la cultura académica emprendedora que dicha orientación inspira promueve la creatividad y la innovación con capital intelectual – que es el valor primario de toda universidad". Para él, las universidades emprendedoras son aquellas que, por una parte, son innovadoras y saben correr riesgos, pero por otra, son instituciones de "gran escala", queriendo decir con esto que son instituciones "comprometidas con sus misiones tradicionales de docencia, investigación y servicio público, pero adicionalmente avanzan en innovación y emprendedurismo".

La complejidad de esta dimensión va más allá de la contribución de las universidades al desarrollo de la sociedad mediante la generación de conocimiento científico y tecnológico. También significa adquirir un nuevo potencial para la autonomía. Pero para que una universidad llegue a ser emprendedora, se deben diseñar e implementar algunas innovaciones en distintos niveles organizacionales, como por ejemplo en aquellos departamentos encargados de la firma y seguimiento de contratos y también de las oficinas encargadas del cambio curricular destinado a introducir habilidades emprendedoras en los estudiantes y en los profesores, tanto como en los funcionarios y personal administrativo. (Martins, 2009).

De los párrafos anteriores, podemos desprender al menos tres principios: en primer lugar, que la noción de *universidad emprendedora* no se limita a los negocios universitarios, sino al desarrollo de una cultura organizacional creativa e innovadora que los incluye; en segundo lugar significa la adquisición de un nuevo potencial para una autonomía mayormente vinculada a su comunidad; y en tercer lugar (no por ello menos importante), un fuerte fondo financiero diversificado y proveniente de fuentes no-públicas.

Por lo que respecta a esto último, la solidez financiera de la UAT era indiscutible; en su tercer informe el Rector Leal Gutiérrez señaló que en el 2012 se ejercieron 3 mil 472 millones de pesos, de los cuales el 68.60% tuvieron su origen en subsidios del Gobierno Federal y Estatal, mientras que el 31.40% de recursos propios. Además, se alcanzaron otros importantes resultados, como es la consolidación del fondo de pensiones de los maestros. "Se estableció para el retiro la edad mínima de 65 años y 30 años de servicio generando un sólido sistema de pensiones que garantiza su viabilidad por los próximos 50 años, como un fondo inquebrantable" (Leal Gutiérrez, 2013).

Destacó además que "los Estados Financieros del Ejercicio Fiscal 2012, fueron aprobados por el Patronato Universitario, y que la Cuenta Pública del ejercicio fue remitida al Congreso del Estado de Tamaulipas conforme a lo establecido en el artículo 25 de la Ley de Fiscalización Superior del Estado de Tamaulipas" (Leal Gutiérrez, 2013)

Por otra parte, y con respecto a la vinculación con la comunidad, el mismo Rector externó que "la UAT ha incrementado su presencia a nivel nacional e internacional, y es referente en proyectos que repercuten en el desarrollo estratégico de las regiones, como el sector energético y la ingeniería ambiental, donde se destacan las acciones del Centro de Proyectos Tamaulipas (CEPROTAM), el Centro de Investigación y

Desarrollo en Ingeniería Portuaria, Marítima y Costera (CIDIPORT), el Instituto de Ingeniería y Ciencias y el Instituto de Ecología Aplicada (IEA)". (Leal Gutiérrez, 2013)

Los ingresos generados por estos centros son muy importantes para la Universidad, especialmente los generados por el CEPROTAM, no se puede negar. Sin embargo, la actividad emprendedora se ha concentrado en ellos, sin involucrar al resto de los actores institucionales. Falta aún por desarrollar, de manera generalizada, una cultura de creatividad e innovación para que esta Universidad pueda ser efectivamente considerada como "emprendedora". El proyecto de Universidad Emprendedora se redujo a la actividad de un par de centros de servicios, mientras que no hubo promoción de una cultura emprendedora entre estudiantes y profesores, ni un crecimiento relevante de registro de patentes.

Con respecto a los indicadores de calidad, la institución sexagenaria mostraba ya una importante fase de maduración que se expresa a través del último informe rendido por el Rector Leal Gutiérrez:

> "Hace ocho años nuestra planta académica sumaba en total 2,421 profesores. Hoy son 2,826 los docentes que brindan su talento a la UAT. De esta cifra, 1,065 son maestros de tiempo completo, 84% de ellos tiene posgrado En 2006 ofrecíamos 74 programas de licenciatura, 10 de ellos acreditados. Con relación al posgrado, solamente 2 programas de maestría estaban en el padrón de calidad. Hoy ofertamos 79 programas de licenciatura, alrededor del 90% están acreditados, así como 15 de nuestros programas de maestría.
>
> En cuanto al Programa de Mejoramiento del Profesorado, teníamos 2 cuerpos académicos consolidados y otros 2 en consolidación; hoy tenemos 9 consolidados, 17 en consolidación e igual número en formación. Nuestros 283 profesores certificados en el PROMEP se convirtieron en 490, y los 40 miembros del Sistema Nacional de Investigadores que teníamos aumentaron a 75." (Leal Gutiérrez, 2013)

Nuevamente se adelantaron las fechas para el cambio de administración rectoral, bajo el argumento de la conveniencia de que el siguiente Rector iniciara su período conforme al año fiscal. De tal manera que el día 6 de diciembre del 2013 y con la presencia del Gobernador Constitucional del Estado, Egidio Torre Cantú, el Rector Leal Gutiérrez da lectura al cuarto informe de su segundo período y toma posesión Enrique Etienne Pérez del Río, como Rector entrante.

25. LA GENERACIÓN DEL CONOCIMIENTO CON VALORES

Enrique Etienne fue designado Secretario de Finanzas de la UAT, en enero del 2011, casi tres años antes de que José Ma. Leal Gutiérrez terminara su período rectoral, es decir, casi al tomar posesión como gobernador Torre Cantú. Como tal, a través de la Dirección de Patrimonio operó un importante trabajo tanto en relación al levantamiento de un inventario de bienes muebles e inmuebles, como con el rescate de propiedades de la institución, como fue el caso de un polígono ubicado a un lado de la Facultad de Ciencias de la Educación y otros dos contiguos al campus Tampico-Madero y que habían sido separados con la introducción de las calles adyacentes. Por la misma vía se gestionó la donación de otros dos predios: uno en el que se construyó el Hospital de Pequeñas Especies y otro en el que se construyó la preparatoria tres, que había sido inaugurada un mes antes de terminar el período de Leal Gutiérrez y que venía trabajando provisionalmente en el edificio conocido como "el Peñón" en la Colonia Pedro Sosa de Ciudad Victoria.

Quien fuera director fundador de la Facultad de Comercio y Administración de Ciudad Victoria en 1967, propuso a la Asamblea Universitaria una nueva estructura administrativa y funcional, que, entre otros aspectos, se caracterizó por elevar a rango de secretarías lo que antes fueran subsecretarías y; en la parte académica, por la creación de una Secretaría de Investigación y Posgrado, que separó esas funciones de la Secretaría Académica

Se operó un nuevo esquema para reorganizar los trabajos de la Secretaría Académica, a partir de la experiencia que años atrás se experimentó en la que tuvo el nivel de Subsecretaría. De inicio, se partió de la idea de que cualesquiera que fueran las direcciones que orgánicamente la integrarían, deberían de fusionarse coordinadamente para desempeñar funciones transversales y de colaboración, a diferencia del trabajo disperso, discontinuo y aislado que históricamente habían venido desempeñando.

El esquema propuesto se apoyó en la metáfora de una obra teatral. Lo que ofrece la universidad a las familias tamaulipecas son programas educativos, los cuales son similares a un guion teatral que, para ponerse en escena, requieren de aquellos actores que mejor puedan interpretar cada materia; requieren de un trabajo de internacionalización y de apoyo de la tecnología que, como las luces y el sonido, le abonen calidad a la producción; una eficaz orientación y apoyo para los estudiantes, para que, como los espectadores de calidad, vivan una mejor experiencia teatral. La integración de todas las tareas es lo que dará lugar a una producción teatral de calidad.

En correspondencia con la metáfora anterior, se propuso la creación de una Dirección de Desarrollo Curricular, la cual estaría a cargo de la actualización y diseño, en fondo y forma, de planes y programas de estudio, su ejecución, evaluación y retroalimentación. Se propuso la creación de una Dirección de Profesión Académica, en alusión a la profesionalización del personal académico y la creciente diversificación de sus actividades, que ya no se limitarían a la actividad docente para hacerse cargo de las tareas relacionadas con la incorporación del nuevo personal académico, la integración y desarrollo de sus actividades formativas, así como la vigilancia del ordenamiento en la asignación de cargas docentes.

Se propuso la creación de la Dirección de Educación a Distancia con el encargo de dos líneas de trabajo: la adquisición de habilidades tecnológicas por parte de los profesores y la iniciación de programas educativos en línea. Así mismo, la creación de una Dirección de Servicios Estudiantiles, tanto para realizar trabajos de orientación y apoyo académico para los estudiantes, así como para promover el sistema de tutorías y administrar la asignación de becas para estudiantes.

A la Dirección de Intercambio Académico se le cambió el nombre por el de Dirección de Internacionalización y Colaboración Académica para incorporar toda la gama de actividades de interacción académica entre instituciones educativas de distintos países, que van más allá de la movilidad de estudiantes como puede ser el establecimiento de convenios para el desarrollo conjunto de planes y programas, la integración de redes de investigación, la transferencia de créditos, el desarrollo de programas de doble o múltiple titulación.

Con el objetivo de acercar más los servicios universitarios a las comunidades, las Unidades Académicas de Educación a Distancia se transformaron en Unidades Académicas de Educación Permanente, para llevar distintos servicios de educación continua, formal y no formal, a los distintos grupos poblacionales, tanto para ofrecer certificaciones en oficios, como actividades culturales y de desarrollo comunitario.

En general, la dinámica alcanzada por todos los programas de la secretaría generó un importante clima de transformación y, como era de esperarse, la resistencia al cambio se manifestó también a través de algunas situaciones de conflicto. Se retomaron actividades que habían sido dejadas de lado, como la actualización de planes y programas de estudio (Navarro Leal & Sánchez Rodríguez, 2004); y se iniciaron actividades sin precedente en la universidad, como la asignación de plazas a profesores de nuevo ingreso mediante convocatorias públicas, o como la introducción de un programa transversal de formación emprendedora, o como la apertura de licenciaturas totalmente en línea.

Para cumplir su cometido de ofrecer educación superior de calidad a los tamaulipecos, la universidad amplía su oferta de programas educativos en ámbitos que son de alta relevancia para el desarrollo sustentable de la entidad. Se inició la formación de especialistas en áreas del sector energético en temas de Hidrocarburos, Energía Solar, Exploración Geológica y Operación Logística. Fue una época en la que las reservas de gas lutitas de la Cuenca de Burgos tomaron una importancia sin precedentes, en congruencia no solo con el interés del gobierno estatal, sino también con el gobierno federal.

De la misma manera se iniciaron otros programas, como Administración de Empresas Energéticas, Arquitecto de Interiores y Habitabilidad, Edificación; Economía y Desarrollo Sustentable; y como algo totalmente nuevo, se pusieron en operación dos nuevos programas con enseñanza totalmente en línea: la licenciatura en Diseño Gráfico y Animación Digital y la carrera de Ingeniería en Energías Renovables, la cual contó con el respaldo de varias universidades agrupadas en el Espacio Común de Educación Superior a Distancia (ECOESAD).

26. LA PREPA 4

En la Facultad de Música, en Tampico, se venía trabajando con un plan de estudios que de manera continua integraba los niveles de educación media superior y superior, por lo que se procedió a separar ambos niveles para dar un reconocimiento y certificación al bachillerato, para que los estudiantes pudieran tener la opción de proseguir hacia el siguiente nivel, con opciones distintas a las de Música o incluso en otras universidades. Como resultado de este rediseño, se anunció una cuarta preparatoria que prestaría sus servicios en la zona sur de la entidad.

En este mismo proceso, en las preparatorias propias e incorporadas se implementó un nuevo plan de estudios en atención a las recomendaciones del Consejo para la Evaluación de la Educación Media Superior (COPEEMS), organismo que acreditaba a las escuelas de este nivel y así permitir el ingreso y permanencia de estas en el Sistema Nacional de Bachillerato.

Adicionalmente se ha prestado apoyo a las escuelas del nivel medio superior de la entidad, quienes proveen los candidatos a ingresar a la universidad. Además del tradicional evento de EXPORIENTA, que cada año se realiza en el norte, centro y sur de la entidad, se aplicó un test de orientación vocacional a 827 preparatorianos de Nuevo Laredo, Ciudad Victoria y Soto La Marina, y se proporcionó información profesiográfica a 2927 estudiantes de distintos municipios. También como cada año, para los alumnos de nuevo ingreso se organizó en Ciudad Victoria y en el Centro Universitario Sur, el evento CONOCE TU UNIVERSIDAD.

27. ACREDITACIONES

La acreditación de los programas seguía en aumento, así lo atestiguaron los organismos que se encargan de verificarlo, como son los organismos afiliados al Consejo Para la Acreditación de la Educación Superior (COPAES), los Comités Interinstitucionales para la Evaluación de la Educación Superior (CIEES) y la Red Internacional de Evaluadores (RIEV). Para el 2016 un 80 % de los programas evaluables contaron con sus constancias de acreditación; mientras que el resto, que fueron evaluados durante el mismo año, recibieron sus resultados favorables en los primeros meses del 2017.

Gracias al esfuerzo realizado por profesores y estudiantes, adicionalmente se logró que 14 de los programas de licenciatura contaran con la acreditación internacional que otorga la Red mencionada, por lo que se reconoció a esta como la universidad mexicana con el mayor número de acreditaciones internacionales.

La formación emprendedora es una línea de trabajo que complementa el aprendizaje de una profesión. Con esta, los estudiantes desarrollan los procesos de creatividad e innovación que les permitirán contribuir a la generación de empresas, y con ello a la creación de empleos. Más de quinientos estudiantes de distintas facultades participaron en talleres sobre modelos de negocios, cultura financiera, desarrollo de proyectos.

En un contexto en el que el enfoque de competencias parecía ganar la hegemonía en los ámbitos del diseño curricular, se prefirió tomar una posición ecléctica, mediante la cual los propios comités de evaluación curricular decidieran adoptar con amplitud este enfoque, como fueron los casos de Medicina y Veterinaria; mientras que otros decidieron considerar el enfoque solamente para el desarrollo de algún rasgo específico del perfil de egreso; y otros, especialmente en el área de ciencias sociales, decidieron mantenerse al margen de este.

Para esta toma de decisiones, en mucho influyeron los marcos referenciales utilizados por los organismos acreditadores afiliados al

Consejo para la Acreditación de la Educación Superior (COPAES). La evaluación y acreditación de los programas de licenciatura fue una línea de gran interés, en tanto que definió uno de los indicadores principales para asegurar la permanencia de la universidad en el Consorcio de Universidades Mexicanas (CUMEX), organismo que agrupa a las treinta universidades con más altos niveles de competitividad del país.

A la evaluación practicada por los Comités Interinstitucionales para la Evaluación de la Educación Superior (CIEES) y a la acreditación de los organismos afiliados a COPAES, la universidad ha sumado la acreditación internacional practicada por la Red Internacional de Evaluadores (RIEV).

Las recomendaciones emitidas por estos organismos retroalimentan al rediseño y al funcionamiento de los programas, pero además, en el caso de este último organismo, su condición de red representaba un potencial de intercambio, colaboración y aprendizaje aún por explotar.

En este período el rector puso atención especial en los rankings, por representar una fuente de prestigio institucional frente a la sociedad. Año con año diversos rankings, generales y por carrera, eran personalmente monitoreados. En los rankings nacionales, como la institución ascendió desde lugares cercanos a los cincuenta hasta el lugar 30 de las mejores universidades del país. En la encuesta del periódico mexicano El Universal, denominada «Las mejores universidades de México 2015», la UAT ocupó la posición 19 de la tabla general y la 14 respecto a la opinión de los empleadores acerca de los egresados. Destacan en ese mismo estudio, además, las posiciones en que se ubican las carreras de Administración de Empresas (15), Comunicación y Periodismo (12), Contaduría (7), Derecho (16) e Ingeniería (7), en un listado de los mejores 25 programas del país.

Internacionalización universitaria es el término que ha desplazado, sin cancelar, a la tradicional actividad de intercambio académico (Knight J., 2003; Knight J., 2011), pues aunque en algunas ocasiones se ha sustituido por el de movilidad académica, es un término insuficiente para integrar el conjunto de actividades relacionadas con el campo de las relaciones internacionales en materia de educación superior; las cuales, al aspirar a incorporar una dimensión internacional en la totalidad de las funciones sustantivas y adjetivas de la universidad, amplían la gama de acciones cotidianas hasta inducir un "clima internacional" en las casas de estudio.

La internacionalización no es un fin en sí misma, su finalidad es la de incidir en la formación de las nuevas generaciones de jóvenes profesionistas, no en los límites unidimensionales del profesionista competitivo para un sistema productivo global, sino para la comprensión de las distintas culturas, la concientización y el compromiso frente a problemas planetarios como la pobreza, la desaparición de las especies, el cambio climático, en síntesis, para la formación de una ciudadanía mundial (UNESCO, 2016).

En este período rectoral, la internacionalización tuvo un despliegue intensivo, no solamente en términos de movilidad de estudiantes y profesores, sino también en lo que se ha llamado "internacionalización en casa" e "internacionalización virtual"; también se avanzó en la formación de profesores en esta materia, así como también en el establecimiento de convenios con distintas instituciones extranjeras y organismos para la ejecución de programas de actualización y habilitación disciplinaria y para el desarrollo de eventos académicos y la integración de redes.

En su cuarto y último informe, el rector Etienne destacó la creación de espacios productivos y de investigación como el Centro de Investigaciones Sociales en Matamoros; el Centro para la Innovación y Transferencia del Conocimiento (certificado por CONACYT) en Victoria; y el equipamiento para el Laboratorio Ambiental del CEPROTAM en Reynosa y que fuera certificado por la Entidad Mexicana de Acreditación-EMA.

Destacó también que durante su administración se duplicó el número de profesores en el Sistema Nacional de Investigadores; y mencionó el reconocimiento de la Red Internacional de Evaluadores (RIEV) por obtener 18 acreditaciones internacionales, colocando a la UAT como la institución líder de Latinoamérica y el Caribe por la cantidad de programas acreditados por este organismo.

28. CONCURSOS DE OPOSICIÓN

Durante las últimas décadas del siglo XX, la educación superior mexicana pasó por un proceso de crecimiento acelerado de más del doble de sus estudiantes. En esa misma proporción creció el número de sus profesores, quienes fueron entonces contratados para dedicarse a la docencia. De hecho, en muchas de las universidades públicas estatales fue cuando se inició la reglamentación específica para normar con distintas categorías y distribución de cargas docentes a los profesores. En la UAT este reglamento surgió en 1984.

Hacia la transición del nuevo siglo, la educación superior se enfrenta a nuevas demandas cualitativas como el desarrollo acelerado de las tecnologías de la información y del conocimiento científico, así como de nuevas necesidades de vinculación y de gestión de recursos financieros, dado el contexto de crisis financiera de la época. Esto trajo consigo la incorporación por parte de los profesores, de tareas adicionales distintas a aquellas para las que fueron inicialmente contratados (Fernandez Lamarra & Marquina, 2012; Grediaga Kuri, 2001). Surgieron entonces distintos esquemas de pagos diferenciados de acuerdo a sus respuestas y compromisos con la atención a las nuevas demandas. Esquemas que se han continuado, aunque de manera diversificada, hasta la actualidad (Navarro Leal, Sánchez Rodríguez, & Lladó Lárraga, 2009).

La generación de profesores provenientes de esa ola de crecimiento, se encuentra ahora en proceso de jubilación, por lo que se han establecido en el país nuevas normas de ingreso, promoción y permanencia para asegurar un adecuado proceso de renovación generacional de la planta de personal académico, por lo que se requiere de convocatorias públicas a concursos de oposición para candidatos con alta habilitación académica y límites de edad, en preparación para atender una nueva ola de crecimiento que llevará a la educación superior a transitar hacia una etapa de "universalización", para pasar en los próximos cinco años de los 4 millones de estudiantes hacia poco menos de seis millones

(Tuirán, 2012), con sus consecuencias cuantitativas y cualitativas. En este contexto, la universidad está llamada a continuar promoviendo cambios relacionados con la profesión académica.

Por supuesto que la introducción de las convocatorias públicas para concursos de oposición para ocupar una plaza de tiempo completo en la universidad, fue motivo de conflicto ya que rompió con los esquemas tradicionales de asignación de plazas mediante criterios de clientelismo político y nepotismo.

En relación a la profesión académica, su atención ha sido fragmentada en dos secretarías: la académica y la de investigación, para después pasar de esta última a la de planeación, cuando la idea debiera ser gestionar la atención a un mismo personal académico, mediante programas que pudieran ser complementarios y que además reportan a una misma oficina del gobierno federal. Aunque hay algunas tareas urgentes que realizar, como el reglamento de personal académico del nivel medio superior, es importante destacar la necesidad de implementar, con mayor fuerza y autonomía, un programa integral de formación del personal académico que contemple las diversas dimensiones y ocupaciones que hacen a la profesión académica, para lo cual se recomienda la implementación de un centro de apoyo y desarrollo del personal académico, con una infraestructura que contenga todas las facilidades para el cumplimiento de esta tarea. Especialmente para la inducción del segmento de profesores jóvenes de nuevo ingreso y el apoyo tecnológico de los profesores en servicio.

29. EL SIAA

Algo que fue muy importante fue la articulación de distintos módulos informáticos que dieron lugar a un Sistema Integral de Información Académico Administrativa (SIAA) que permitió contar con información fidedigna y oportuna tanto sobre aspectos escolares como administrativos y financieros. El módulo académico permitía, por ejemplo, analizar trayectorias escolares individualizadas a tal punto de identificar estudiantes en rezago para orientar con mayor precisión la acción tutorial. Permitía conocer cuáles eran las asignaturas con mayor nivel de reprobación en cada uno de los programas académicos y así iniciar medidas de atención.

Este SIAA permitió cumplir con los acuerdos tomados en el seno de la ANUIES y particularmente de CUMEX. La UAT fue la primera de las instituciones asociadas en dar cumplimiento a dichos compromisos. El mantenimiento de este sistema requirió de una disciplina férrea para alimentar, validar y explotar la información necesaria. Sin el conocimiento de la utilidad que esta representa y sin la voluntad política que la sostenga, será difícil su sostenimiento a través del tiempo, como ya ha pasado con otras innovaciones institucionales.

30. EDUCACIÓN A DISTANCIA Y EDUCACIÓN PERMANENTE

Durante las últimas décadas, el incremento de la matrícula se ha producido principalmente en la modalidad presencial, sin embargo la proporción de estudiantes en modalidades de estudio distintas a esta se va incrementando cada vez más, si bien del 2005 al 2011 pasó de 6.3 a casi un 11% y se prevé más de un 20 % al finalizar la presente década.

Las condiciones actuales de los mercados de trabajo, por sus bajos salarios y su mayor competitividad, demandan la dedicación de una mayor cantidad de tiempo y de una mayor calificación, por lo que los trabajadores para competir contra una cantidad mayor de aspirantes, buscan los programas educativos que mejor se acomoden a sus condiciones. Si bien esta universidad, desde la década de los ochenta atendió estas demandas mediante programas no convencionales, primero en modalidad de fin de semana y que luego continuó de manera semipresencial, con el apoyo de las tecnologías; en este período inició con la oferta de programas totalmente en línea, para que los estudiantes, de manera asincrónica, pudieran acceder a cursos previamente preparados en ambientes virtuales de aprendizaje.

La Dirección de Educación a Distancia, al mismo tiempo que facilitaba el trabajo distante mediante la actividad anterior, también trabaja para acortar las distancias entre maestros y estudiantes presenciales entre una clase y otra. La incorporación de la dimensión tecnológica en la docencia permite extender la actividad de las aulas hacia el hogar, a través del ciberespacio al capacitar y certificar estudiantes y profesores tanto en competencias digitales, como en la utilización de herramientas. Ya no es posible pensar el futuro de la educación de forma separada de las tecnologías.

La universidad inició el siglo XXI con un modelo curricular flexible que detonó cambios en distintos aspectos de la vida institucional; uno de estos fueron las Unidades Académicas de Educación a Distancia (UNAED) las cuales consistían en un inmueble equipado con una sala de videoconferencia a la cual acudían los estudiantes para recibir los cursos dictados desde un punto de la universidad a través de una video cámara. Estas unidades estaban ubicadas en localidades sin presencia de educación superior, en ese entonces.

En la visión optimista de la innovación tecnológica, estas unidades suponían la oportunidad de una democratización del acceso a la educación superior, ya que los jóvenes de estas localidades podrían cursar ahí mismo las asignaturas correspondientes al llamado "núcleo de formación básica universitaria", para que al siguiente semestre acudieran a continuar presencialmente su carrera en alguna de las facultades de la universidad (Sanchez Rodríguez, Navarro Leal, & Gómez Medina, 2002).

Ese propósito no prosperó. Reducir por un semestre los gastos de estancia para cursar el resto de la carrera en cualquiera de las ciudades con facultades de la UAT, no era suficiente como para incrementar la factibilidad financiera familiar, además de que otros problemas de orden escolar fueron esgrimidos por los directores de facultades que impedían dicho tránsito. Se optó por utilizar el sistema de videoconferencia para transmitir una carrera técnica en tecnologías de la información, una maestría en educación e incluso clases de inglés.

Llamar "educación a distancia" a un sistema que solo extendía las condiciones de la misma educación presencial, resultó un eufemismo. El desarrollo de las tecnologías dejó en la obsolescencia la sincronía de la videoconferencia frente al potencial asincrónico de los ambientes virtuales de la educación en línea. Con la educación asincrónica, los estudiantes ya no tienen que asistir a las UNAED a tomar sus clases con un horario determinado, lo pueden hacer desde su casa o desde cualquier punto en el horario que ellos deseen (Navarro Leal, Lladó Lárraga, & Sánchez Rodríguez, 2014).

La infraestructura de las UNAED entonces, puede ser destinada a cubrir otras necesidades de desarrollo comunitario. La opción de la educación permanente, proveniente de la educación de adultos, de la educación fundamental y de la *lifelong learning* permite incorporar educación para todos los grupos de edad y los grupos sociales de la comunidad. La noción de educación permanente relacionada con la educación para la vida, fusiona *aprender a aprender* con *aprender a emprender*.

31. LOS VIENTOS DEL CAMBIO

Ese fue el lema que Francisco Javier Cabeza de Vaca utilizó tanto en su campaña como en su período de gobierno que fue del primero de octubre del 2016 al 30 de septiembre del 2022 impulsado por el Partido Acción Nacional. Representó la transición en Tamaulipas después de más de ocho décadas de gobierno del Partido Revolucionario Institucional.

Para el primer semestre de gobierno, el Director de Servicios Escolares José Andrés Suarez Fernández es ascendido a Secretario de Gestión Escolar, posición que fue creada de manera exprofeso. Tres meses después de este ascenso un primo del gobernador, que jamás había puesto un pie en esta institución, es designado como Secretario Administrativo y el rector se ve forzado a realizar ajustes y enroques en su equipo.

Suarez Fernández fue el único candidato a la rectoría de la universidad, como ha sido en casi toda la vida de la institución, para tomar posesión del cargo justo a un año de iniciado el período del gobernador Cabeza de Vaca. Los boletines de prensa fueron insistentes en mencionar que sería una transición pacífica y que su candidatura contaba con el aval de la base estudiantil, del sindicato, del profesorado y de los grupos universitarios.

La toma de posesión de José Suarez para el período 2018-2021 fue también el espacio en el que el Contador Etienne rindió su último informe, teniendo como testigo de honor al Gobernador Francisco García Cabeza de Vaca, cuya administración se caracterizaría, como lo dijo un periodista, por "varias embestidas con la Fiscalía General de la República, un intento de desafuero, órdenes de aprehensión, congelamiento de sus cuentas bancarias y una clara confrontación política con el gobierno del presidente, Andrés Manuel López Obrador, sin dejar fuera la violencia" (García, 2022).

El 2 de enero del 2018, se hace oficial el proceso de entrega recepción. "Por primera ocasión se hace una entrega recepción de la Universidad en un cambio rectoral, donde se trabajó durante varias semanas para documentar debidamente todos los activos de la Universidad, su organigrama, sus bienes, su patrimonio", comentó el rector José Andrés Suárez Fernández, en presencia de Víctor Hugo Guerra García, Coordinador de la Entrega-Recepción en su calidad de secretario de Administración; así como del Contralor de la Universidad (Milenio Digital (ELGH), 2018).

El ingeniero Suarez Fernández logró terminar su período rectoral de cuatro años en una nube de rumores sobre su menguado poder para tomar decisiones al mando de la UAT (Hernández Carreto, 2021). Con la Asamblea Universitaria usando cubre bocas de manera generalizada y guardando la sana distancia, el 15 de diciembre del 2021 rinde su cuarto informe y ahí mismo Guillermo Mendoza asume la rectoría. Tres meses antes del sexto informe del gobernador.

Para ello, un mes antes, la Asamblea Universitaria, lo declaró Rector Electo. En ese acto, tomó la palabra: "Quiero agradecer al Rector, el Ing. José Andrés Suárez Fernández, de quien he aprendido que el honor y la humildad se llevan en los actos cotidianos; de quien aprendí que el principio de la educación es predicar con el ejemplo y que se debe respetar la dignidad humana por encima de cualquier otro interés".

En el contexto de esa misma Asamblea "el Rector Electo se comprometió a realizar su mayor esfuerzo, buscar siempre lo mejor para la Universidad, transitar por el sendero de la verdad y sumarse a las tareas que, basadas en el conocimiento, expresen el sentido de la belleza."

"Sobre todo, tengan la seguridad de que estará en todos mis actos, siempre presente como mi norma de conducta, mi probidad. Y en ello comprometo aquí mismo mi palabra, la palabra de un universitario que, desde hoy, les invita a ser una sola voz, a que seamos juntos una Universidad que trasciende; porque hoy, hoy todos somos UAT", concluyó. (Gaceta.mx, 2021)

El primero de octubre del 2022, con la ausencia del gobernador saliente, pero acompañado por el entonces secretario de Gobernación, Adán Augusto López, en representación del presidente Andrés Manuel López Obrador, Américo Villarreal Anaya tomó posesión como Gobernador de Tamaulipas, impulsado por la coalición de los partidos Morena, Verde y del Trabajo.

A esta sesión de investidura asistieron Marcelo Ebrard, secretario de Relaciones Exteriores; Jesús Ramírez Cuevas, coordinador de

Comunicación Social de Presidencia, y Delfina Gómez, ex secretaria de Educación Pública. Asimismo acudió Claudia Sheinbaum, jefa de Gobierno de la Ciudad de México, quien fue ampliamente aplaudida por los asistentes, y en sus redes sociales escribió: "Venció el pueblo de Tamaulipas, que con valentía y coraje decidió que ya era hora de un cambio verdadero, que ya era hora de la Cuarta Transformación" (Sanchez Treviño & Leduc, 2022).

Luego de asistir a dicha ceremonia de investidura, el rector declaró que "Estamos listos para trabajar con el nuevo gobierno en todos los proyectos, y en todo lo que podamos aportar desde nuestro Plan de Desarrollo Institucional, con muchas ganas de que le vaya bien, porque si le va bien al Gobernador le va bien a nuestro Estado, y nos va bien a nosotros como universidad" anunció el boletín distribuido por la institución.

Sin deslindarse del grupo del exgobernador Cabeza de Vaca, Guillermo Mendoza hizo intentos por acercarse al movimiento de la cuarta transformación. En uno de esos intentos invitó a la feria del libro del campus Tampico-Madero a intelectuales y escritores de izquierda como Paco Ignacio Taibo II y Fritz Glockner, pero no fue así.

Intempestivamente, a poco menos de dos años de haber asumido el cargo, Mendoza presentó su renuncia por 'motivos meramente personales' ante la Asamblea Universitaria. Las interpretaciones de este hecho no se hicieron esperar, pero varios periodistas coincidieron en que su relación con el nuevo gobierno morenista ya era insostenible, dados los hechos de corrupción consignados por la Unidad de Inteligencia Financiera del Gobierno Federal (Juarez, 2023).

32. LA CUARTA TRANSFORMACIÓN

El mismo año en que Suarez Fernández asume la rectoría de la UAT, Andrés Manuel López Obrador asume la presidencia del gobierno de México con el lema de la Cuarta Transformación para hacer alusión a la continuidad de las posiciones políticas de Juárez, de Madero y de Cárdenas. "Por el bien de todos, primero los pobres" fue su principio guía y el derecho a la educación una de sus políticas educativas principales, a tal grado que el artículo tercero constitucional fue reformado para incluir también a la educación superior como un derecho. Si bien la factibilidad de que esta sea cubierta con un régimen de gratuidad ha sido ampliamente discutida, lo cierto es que la acción del estado estará orientada por la ampliación de su cobertura hacia grupos sociales insuficientemente atendidos.

El 14 de febrero de 2019, Luciano Concheiro Bórquez, subsecretario de este nivel educativo, al inaugurar el foro "Implicaciones de la obligatoriedad y gratuidad de la educación superior en México", comentó que los jóvenes merecen educación de calidad y con excelencia, desde una visión de equidad y enlistó una serie de elementos que debe contener la educación superior en México, una vez aprobada la propuesta de la reforma del artículo tercero constitucional. "Dichos elementos son: universalidad, gratuidad, laicidad, obligatoriedad, educación como derecho humano, democrática, integral, equitativa y de excelencia" (Secretaría de Educación Pública, 2019).

En congruencia con esos principios, se inició la implementación del sistema de "Universidades para el Bienestar Benito Juárez García", el cual consistiría en la instalación de 100 planteles en municipios en los que no hay oferta cercana o pertinente, alejados de los principales centros urbanos y en condiciones de marginación o exclusión. La modalidad es presencial, sin límite de edad y todos sus estudiantes reciben una beca de manutención a lo largo de diez meses por año, durante el tiempo que dure su carrera. Se trata de planteles pensados para iniciar con una sola carrera y con una capacidad aproximada de mil estudiantes cada uno. El ciclo escolar 2019-2020 arrancó con 85 de estos planteles. Se esperaba atender hasta 300 mil estudiantes a lo largo del sexenio con un costo de mil millones de pesos por año, según declaraciones de Raquel Sosa, coordinadora del sistema (Rodríguez García, 2019).

La primera semana de julio del 2019 se abrió la convocatoria para las inscripciones al Instituto de Estudios Superiores de la Ciudad de México 'Rosario Castellanos', la nueva universidad de la Ciudad de México, la cual será gratuita y no se será necesario hacer examen de admisión. El instituto funcionará con tres modalidades de estudio: presencial, semipresencial y a distancia. Mientras que los programas de estudios fueron diseñados en colaboración con la UNAM, el IPN, la UAM y el Tecnológico Nacional de México, por lo que los egresados podrán tener un título doble, uno por el 'Rosario Castellanos' y otro por cualquiera de las universidades que apoyó la licenciatura cursada. Entre las carreras que se impartirán se encuentran: Derecho y Seguridad Ciudadana; Desarrollo Comunitario para Zonas Metropolitanas; Desarrollo Comunitario para el Envejecimiento; Turismo; Ingeniería Ambiental; Ciencias Biológicas; Urbanismo; Derecho Indígena; Territorio y Memoria Histórica. Frente a la cantidad de aspirantes que no pudieron tener ingreso a la UNAM, UAM y Politécnico, el gobierno federal optó por abrir un programa denominado Programa Emergente de Rechazo Cero, para atender a estos aspirantes y a los que tampoco ingresaron a la Universidad Autónoma del Estado de México, ni a la Universidad Autónoma del Estado de Morelos. Mediante una plataforma electrónica se buscará ubicarlos en alguno de los 51 mil espacios adicionales en las modalidades escolarizadas, mixtas, abiertas, presenciales y a distancia (Navarro Leal M. A., 2020).

El 9 de agosto del 2019, en el contexto de una serie de giras por clínicas y hospitales del país, el presidente Andrés Manuel López Obrador anunció la creación de una nueva Universidad Nacional de Medicina que será administrada por la Ciudad de México, pero tendrá todo el apoyo del gobierno federal, para atender el déficit de especialistas, médicos y enfermeras, en el sistema de salud. El mandatario habló acerca de la falta de médicos y enfermeras en las distintas instituciones de salud, principalmente en zonas rurales, "resultado de la política neoliberal que no permitía a estudiantes continuar con sus estudios universitarios" (López Obrador, 2019).

Los principios de estas políticas educativas ya se habían enunciado desde la campaña electoral pero que tal vez por un escepticismo partidista no fueron considerados por el Plan de Desarrollo Institucional 2018-2021, si bien en la presentación se enuncia como una prioridad "el incremento al acceso a la Universidad, especialmente de estudiantes provenientes de los hogares menos favorecidos", esta declaración no contó con un respaldo programático. Un principio de la planeación estratégica es que no puede haber estrategia cuando no se considera a los competidores.

Si bien es cierto que el confinamiento causado por la pandemia del covid-19 complicó las actividades cotidianas, también es cierto que la universidad puso de manifiesto su experiencia y sus capacidades tecnológicas para ofrecer una respuesta adecuada. Sin embargo, la madurez alcanzada en educación a distancia, no ha sido utilizada para multiplicar la atención a grupos sociales que han tenido que recurrir a pequeñas universidades privadas de bajo costo, como alternativa a la falta de espacios en las instituciones públicas.

33. EL SEGUNDO PISO DE LA CUARTA TRANSFORMACIÓN

La Asamblea Universitaria declaró al MVZ Dámaso Leonardo Anaya Alvarado como rector de la Universidad Autónoma de Tamaulipas (UAT) y le hizo entrega de la constancia que lo acredita para dirigir a la máxima casa de estudios de Tamaulipas para el período 2024-2028. En su alocución expresó su profundo reconocimiento a la profesora universitaria que también participó en la contienda por primera vez en la vida institucional, si bien, en el anterior proceso electoral hubo otros dos aspirantes a quienes les fue negado el registro. Para asumir el cargo de rector, el médico Dámaso renunció a su posición de Secretario de Fomento Agropecuario del Gobierno de Américo Villarreal Anaya, su primo.

Si bien en cada período de gobierno universitario el rector en turno infunde en la gestión un estilo propio de liderazgo, tanto como el privilegio de algunas prioridades sobre otras, hay aspectos que no se pueden ignorar y que terminan por imponer la fuerza de su presencia; entre otros, las políticas federales de conducción de la educación superior y las tendencias institucionales provenientes tanto de las dinámicas internas, como de la interacción con su entorno. El contexto en el que asume la rectoría sucede en el proceso que daría continuidad a las políticas de la cuarta transformación, lo cual estará enmarcando el contexto de esta gestión.

La ampliación de la cobertura de la educación superior seguirá apareciendo como una de las prioridades de la agenda, aunque aún se desconocen las metas para este sexenio, se han hecho algunas declaraciones acerca de los propósitos de hacerla universal. La experiencia en estas primeras décadas del siglo ha hecho saber que el crecimiento de este nivel es un problema complejo, por cuanto no solo se trata de invertir mayores recursos sino, por una parte, buscar la incorporación al sistema escolar de poblaciones que históricamente han carecido de oportunidades para hacerlo; y, por otra, de dinamizar los flujos escolares a través de todos los niveles, subsistemas y modalidades del aparato escolar para hacer llegar más egresados del nivel medio superior hacia el superior. Si bien durante el sexenio de Peña Nieto la cobertura de este nivel avanzó del 32.1 a 37.3%, alcanzar una cobertura de 70% similar a la de Argentina o Venezuela, será una ardua tarea que seguramente rebasará el término de una década.

Una vez que se define la proporción del presupuesto nacional que se destina al sector educativo, se definen las asignaciones a niveles de acuerdo a los irreductibles, cuya gran proporción la hacen las nóminas de personal y después se decide sobre inversiones. Obviamente, en el nivel superior la primera prioridad la tendrán las nuevas instituciones creadas por el régimen, las Universidades para el Bienestar Benito Juárez, el Instituto Rosario Castellanos, la Universidad Nacional de la Salud. Enseguida vendrán las llamadas universidades nacionales, por la cantidad y amplitud de su cobertura; después vendrán aquellas universidades como las públicas estatales (UPE) que, si bien se esperaría que al menos sus presupuestos correspondan a la suma del presupuesto anterior más la inflación (como marca la ley), para hacerse de recursos gubernamentales adicionales tendrán que presentar propuestas convincentes para ampliar su cobertura, aspecto que no solo tiene un carácter cuantitativo, sino que abre la puerta a un conjunto de planteamientos de orden cualitativo que irán teniendo una presencia programática cada vez mayor durante los próximos años.

Especialmente para las universidades públicas, en una trayectoria de lento crecimiento, conviene realizar estudios que apoyen a la planeación, como la detección de los campos disciplinarios o las profesiones requeridas por el desarrollo de las zonas de influencia institucional, la detección de zonas con demandas insatisfechas; la presencia en ellas de otras instituciones y sus programas según modalidades; determinar las proporciones de la demanda que en esa zona se podrían satisfacer, mediante qué modalidad, determinar que colaboraciones se pueden establecer entre distintas instituciones y empresas; diseñar un currículum que permita recuperación de aprendizajes no logrados previamente, así como abierto al reconocimiento de experiencias, estancias y certificaciones, así como en la inclusión de campos formativos para la ciudadanía global y la atención a los problemas planetarios.

Es en el contexto de esta agenda pública, y su cabal comprensión, que la universidad debe tener capacidad para definir y desarrollar la especificidad de su contribución a los temas del desarrollo de Tamaulipas; la inseguridad, la pobreza, los derechos humanos, la salud, las migraciones, el desarrollo urbano, la energía, el medio ambiente, la producción alimentaria, la producción industrial, competitividad son temas acuciantes a los que la institución, mediante el uso de su autonomía, está llamada a atender con las funciones que la sociedad le ha asignado.

La ampliación de la cobertura es un tema de mayor o menor complejidad según los contextos locales. La meta de alcanzar 40% de cobertura en la administración federal anterior fue incumplida en la administración de Peña Nieto, no solamente por la caída de los precios del petróleo y su consiguiente reducción del gasto público (Navarro Leal & Roux, 2016), sino también por la cantidad de localidades en las que no egresan suficientes estudiantes del nivel medio superior. Se debe reconocer que hay entidades federativas cuya población mayoritariamente se concentra en la ciudad capital, como en Nuevo León, Puebla, Campeche, Michoacán y Querétaro. En estas, la determinación y atención de demandas reales se hace de manera mayormente previsible, identificando los egresos del bachillerato, los rezagos, los rechazos y los posibles inmigrantes, aunque claro, el problema se complica cuando la cantidad de demandantes a una facultad universitaria rebasa su capacidad para atenderlos. Cuando este es el caso, algunas instituciones han optado por incrementar turnos, o implementar modalidades semipresenciales o a distancia, en la medida en que la capacidad y la naturaleza de los conocimientos lo permite.

También se debe observar que en estos casos en que la demanda insatisfecha está muy localizada y cuantificada, el sector privado ha tenido la oportunidad de un mayor crecimiento. En algunas de estas entidades federativas la matrícula atendida por instituciones privadas ya es mayor que la atendida por instituciones públicas, es viable que esta tendencia se mantenga mientras se conserven niveles de colegiaturas que no resulten muy onerosas para las familias de clase media, se puede correr el riesgo de una pérdida de calidad en ausencia de mecanismos de vigilancia. En estos casos, las instituciones públicas requieren de programas creativos para competir por una mayor proporción de la demanda con el resto de las instituciones.

En el caso de Tamaulipas, en el período del ciclo escolar 2017/2018 al 2021/2022 el número de instituciones públicas pasó de 42 a 45, mientras que el número de instituciones privadas pasó de 103 a 120; pero la matrícula de las públicas solo aumentó en 3,874 estudiantes durante ese período, en las particulares se incrementó en casi 12 mil al pasar de 79,412 a 83,286 en aquellas y de 44,682 a 56,668 en estas. La apertura de una quinta preparatoria en la UAT camina en dirección a la ampliación de la cobertura, pero quizás ya sea tiempo también de pensar en el campus virtual de la institución.

EPÍLOGO

Al inicio del libro, nos planteamos que la transformación de las universidades estaba ligada a las políticas de conducción de la educación superior del gobierno federal, aunque la relación entre políticas y desarrollo universitario no es directa y mucho menos unilateral, tanto por la naturaleza de ambas, como por los mecanismos para su instrumentación.

Se asumió que el análisis de las relaciones entre las políticas gubernamentales y el desarrollo de las universidades se tornan aún más complejos por las variaciones en los mecanismos de instrumentación o de regulación utilizados tanto para la conducción del conjunto de las instituciones, como para la conducción y gestión al interior de estas. La idoneidad de la conducción/regulación, se ve comprometida por las variaciones o la ineficacia de acciones en sus niveles discursivo, normativo/programático y operacional (Fuentes Molinar, 2023).

Se señaló como propósito formal del análisis reseñar los efectos de las políticas federales en la Universidad Autónoma de Tamaulipas, para recuperar experiencias, en la idea de contribuir al planteamiento de nuevas definiciones tanto de política interna como de planeación institucional. Una historia de las transformaciones de la universidad no puede ser explicada sin el contexto, por más agencia y poder que puedan acumular sus líderes.

La transformación de la Universidad Autónoma de Tamaulipas a la luz de su conducción frente a las políticas desplegadas por el gobierno federal hacia las instituciones de educación superior, es el objeto que nos propusimos analizar en el presente libro. Se partió del supuesto de que las casas de estudio, por su naturaleza se encuentran en continua transformación, aunque no necesariamente en la dirección y con la velocidad deseada. La conducción nacional de las universidades públicas es un proceso complejo en el que hay procesos de condicionamiento y determinación de las fuerzas políticas de sus contextos locales y hasta del proyecto institucional y el estilo de gobernar de cada rector en turno.

Mediante la narración de distintas transformaciones de la Universidad se puedo observar que generalmente no fueron únicas, sino que también sucedían en otras universidades, muchas veces en correspondencia con una agenda nacional y en ocasiones también internacional. La creación de la Universidad de Tamaulipas no fue un hecho aislado, pues simultáneamente también en otros estados se gestaron, la idea de apegarse a los programas de la UNAM estaba relacionada con la persecución anticomunista de la posguerra, el movimiento de autonomía fue coincidente con los movimientos anti hegemónicos que alrededor del mundo caracterizaron la década de los sesenta, las reformas modernizadoras iniciadas a partir del fin de siglo, fueron parte de la instalación de la fase neoliberal del capitalismo global, como también la internalización, la evaluación y la certificación de la calidad.

En el transcurso de la vida de la Universidad se pueden observar continuidades y discontinuidades. Como en casi todas las universidades estatales, el proceso modernizador iniciado con la década de los noventa, consistió no solamente en la actualización de infraestructura sino también en la instalación de una reforma curricular de largo aliento y cuyo "efecto dominó" trajo consigo reformas normativas que impactaron diversos aspectos organizacionales, como los servicios, el calendario y los horarios escolares, la integración de la nómina y la actualización del Estatuto Orgánico. Si bien hubo entre las instituciones un efecto que en las teorías neo institucionalistas se denomina "isomorfismo", las universidades pudieron servirse de los fondos federales concursables para atender sus propios proyectos de desarrollo por sobre las acotaciones y condiciones de las convocatorias oficiales.

En mayor o menor medida, la intensificación del trabajo docente fue el efecto de políticas de estado que, con distintas denominaciones en sus programas, han sido aplicadas de manera transexenal desde la década de los setenta (Navarro Leal M. A., 2009). El incremento de su habilitación académica con sus estudios doctorales, sus proyectos y reportes de investigación, sus tutorías y asesorías de tesis, su apoyo en la gestión institucional, actividades que instalan a los profesores en una dimensión diferente que internacionalmente se reconoce hoy como la "reconfiguración de la profesión académica" (Hernández Yáñez, 2006).

Es este mismo movimiento de habilitación académica de los profesores, lo que permitió trabajar hacia el mejoramiento y acreditación de la calidad. Son los académicos y su dedicación quienes han preparado la evaluación externa y la acreditación; fue su trabajo el que llevó a las universidades a tener los méritos para ingresar al Consorcio de Universidades Mexicanas (CUMEX).

Otra continuidad que es visible a través de las últimas décadas es el reconocimiento de los límites del subsidio público, que aunado a las nuevas exigencias de transparencia y rendición de cuentas, llevaron a una racionalidad cada vez mayor en la utilización de los recursos públicos y a la consecución de fondos alternativos a los gubernamentales. Esto permitió, en su momento, dar continuidad, tanto a la construcción de infraestructura, como a la actualización tecnológica y a una complementariedad responsable en el fondo de pensiones.

Esta necesidad de consecución de fondos alternativos evolucionó hacia una etapa de emprendedurismo, que si bien requiere de un nivel mayor de generalidad en el involucramiento de los universitarios, es de esperar que su continuidad lleve hacia niveles superiores de maduración, sin poner en riesgo ni la noción de la educación como un derecho, ni su orientación humanista.

Pero también, en esta continuidad de procesos que cruzaron el siglo, es posible reconocer la presencia de aquella antigua forma de gobierno iniciada en la década de los setenta, que basada en la distribución territorial de los liderazgos y que tal vez en su momento facilitó una organización piramidal, también llevó a un feudalismo aún insuperable y que dificulta relaciones horizontales, como la permeabilidad y el tránsito curricular o la movilidad académica de alumnos y profesores entre facultades y unidades académicas, el cambio de adscripción de programas, o el uso compartido de infraestructura. En el esquema del PIFI, la estructura de las DES, homologadas con facultades o unidades académicas, en lugar de integrarse con grupos de facultades, como en otras universidades, es también consecuencia de dicha herencia.

El futuro más próximo, como ya se ha anunciado, no trata de un nuevo gobierno, sino de un nuevo régimen en el que la prioridad fue establecida desde un inicio: "primero los pobres, por el bien de todos". Esto significa que los programas sociales destinados a la disminución de la pobreza tendrán prioridad y esto significa también que las decisiones sobre la asignación de recursos públicos a la educación superior estará en competencia no solamente contra las decisiones de apoyo a los niveles previos a este (que atienden a una población proporcionalmente mayor), sino también contra el apoyo a otros sectores como el de la salud, la alimentación, el campo o la vivienda.

Si bien la Universidad ha encontrado vías de apoyo en las políticas públicas federales para sus transformaciones académicas y organizacionales, también ha encontrado conflictos y desaciertos provenientes, la mayor parte de las veces, en la política de las fuerzas locales, que seguramente van a continuar no solo por el atractivo financiero sino también por el valor del voto corporativo en los mercados electorales, parte de la herencia de los liderazgos territoriales.

TRABAJOS CITADOS

Abel, P. R. (2013). Educación permanente y educación continua: tergiversación de fondo. págs. 0-1.

Aboites, H. (1999). De la crisis del neoliberalismo al surgimiento de nuevas bases conceptuales para el futuro de la universidad: El caso de México. *Reencuentro: análisis de problemas universitarios*(24). Obtenido de www.xoc.uam.mx/~cuaree/24_7.html

Aboites, H. (2004). Derecho a la educación o mercancía. Diez años de libre comercio en la universidad mexicana. *Memoria*(187).

Abravanel; Allaire; Firsirotu; Hobbs; Poupart; Simard. (1992). *Cultura Organizacional.* Colombia: Legis.

Aguilar Villanueva, L. F. (2013). *Gobierno y Administración Pública.* México: Fondo de Cultura Económica.

Aguilar, H., & Meyer, L. (1993). *A la sombra de la revolución mexicana.* México: Cal y Arena.

Álvarez, F. (26 de 1 de 2022). *La Silla Rota.* Obtenido de Adiós a mi amigo Jaime Castrejón Díez (1931-2022): https://lasillarota.com/opinion/columnas/2022/1/26/adios-mi-amigo-jaime-castrejon-diez-1931-2022-360960.html

ANUIES. (2000). *La Educacion Superior en el Siglo XXI.* México, D.F.

Aretio, G. (1991). Un concepto integrado de enseñanza a distancia. *Radio y educación de adultos*, 3-6.

Benveniste, G. (1970). *Bureaucracy and National Planning. A sociological case study in Mexico.* Praeger Publishers.

Brunner, J. (1991). La evaluación de la investigación científica. *Universidad Futura, 3*(8 y 9).

Caballero Rico, F. C., Uresti Marin, R. M., & Ramírez de León, J. A. (2012). Análisis de la producción científica de la Universidad Autónoma de Tamaulipas y evaluación de su impacto en los indicadores educativos de calidad. *Revista de la Educación Superior, XLI*(161), 31-51.

Caciquini Ricaldon, C. (2006). Educación permanente: una herramienta para pensar y actuar en enfermería. *Revista Latinoamericana Enfermagen*, 14 (6).

Campos, G. (9 de 01 de 2020). El rector Jesús Lavín Santos del Prado. *El Diario de Ciudad Victoria*. Obtenido de https://eldiariomx.com/2020/01/09/el-rector-jesus-lavin-santos-del-prado/

Canales, R. M. (20 de 01 de 2002). Presentación de Página Web. Victoria, Tamaulipas, México.

Castrejón Diez, J. (s/f). *Universidad Autónoma de Tamaulipas. Estructura. Documento I.*

Cherwitz, R. (2 de Marzo de 2010). *Academic-community Mentorships: an entreprenurial approach to undergraduate education*. Obtenido de http://www.huffingtonpost.com/dr-rick-cherwitz (Consultado: 24/ 04/2013)

Clark, B. (1983). *The Higher Education System. Academic Organization in Cross-National Perspective.* University of California Press.

Clark, B. (1998). *Creating entrepreneurial Universities. Organizational pathways of transformation.* Guilford, Surrey, UK: IAU Press- Pergamon.

Clark, B. (2001). "The entreprenurial university: new foundations for collegiality, autonomy and achievement". *Higher Education Management, 13*(2), 9-24.

Clark, B. (2004a). *Sustaining change in universities. Continuities in case studies and concepts.* London: SRHE & Open University Press.

Clark, B. (2004b). "Delineating the character of the entreprenurial university". *Higher Education Policy 17 (4)*, 355-370.

CONAEVA. (1990). *Lineamientos generales y estrategia para evaluar la educación superior.* México DF: Cuaderno 5 de modernización Educativa. SEP.

Congreso del Estado de Tamaulipas. (11 de febrero de 1956). *Ley Constitutiva de la Universidad Autónoma de Tamaulipas.* Obtenido de Periódico Oficial número 12, de fecha 11 de febrero de 1956: https://studylib.es/doc/1381333/ley-constitutiva-de-la-universidad-aut%C3%B3noma-de-tamaulipas

Crow, M. (15 de Septiembre de 2011). *Building an entreprenurial unversity.* Obtenido de http://president.asu.edu/sites/default/files/Building%20an%20Entrepreneurial%20University%20(Germany)%20060808%20Kauffman-Planck%20Conference_0.pdf

De Alba, A. (1991). *Curriculum: crisis, mito y perspectivas.* México: CESU-UNAM.

De Alba, A. (1993). *El curriculum universitario. De cara al nuevo milenio.* México: CESU-UNAM.

Delors, J. (1996). Los cuatro pilares de la educación. Madrid: Santillana/UNESCO.

Diaz Barriga, A. (2013). *Competencias en educación. Corrientes de pensamiento e implicaciones para el curriculo y el trabajo en el aula.* (UNAM-IISUE, Ed.) Recuperado el 1 de octubre de 2017, de Revista Iberoamericana de Educación Superior: https://ries.universia.net/article/view/61/246

El Diario de Ciudad Victoria. (5 de septiembre de 1956). La universidad abre inscripciones.

El Diario de Ciudad Victoria. (29 de Diciembre de 2000). "Conceden amparo a la UAT contra auditoría". *El Diario de Ciudad Victoria*, pág. Primera plana.

El-Ojeili, C., & Hayden, P. (2006). *Critical Theories of Globalization.* NY: Palgrave Macmilan.

Fernandez Lamarra, N., & Marquina, M. (2012). *El futuro de la profesión académica. Desafíos para los paises emergentes.* Buenos Aires: Universidad Nacional de Tres de Febrero.

Flores Méndez, Y. (2019). *El proceso de creación de los estudios preparatorios y profesionales en Tamaulipas: el Instituto Literario de San Juan y el Instituto Literario del Estado (1858-1914).* Colofón, Universidad Autónoma de Tamaulipas.

Flores Méndez, Y. (2022). La Secretaría de Educación Pública y la federalización educativa en Tamaulipas (1921-1956). *Debates por la Historia, 10*(2), 45-73. doi: https://doi.org/10.54167/debates-por-la-historia.v10i2.913.

Fuentes Molinar, O. (1972). La Facultad de Ciencias de la Educación de la UAT (México). *Revista del Centro de Estudios Educativos, II*(2), 109-120.

Fuentes Molinar, O. (2023). La construcción, los niveles y los agentes de la política educativa. En M. Casillas, *El desarrollo de la educación superior en México y las políticas públicas* (págs. 21-26). Queretaro: Transdigital.

Fuentes, O. (1983). Las épocas de la universidad mexicana. *Cuadernos Políticos*(36), 47-55.

G., I. B. (agosto de 2015). *Centro Internacional de Prospectiva y Altos Estudios.* Obtenido de http://www.cipae.edu.mx

Gaceta.mx. (8 de Octubre de 2021). *Asamblea Universitaria declara a Guillermo Mendoza rector electo de la UAT.* Obtenido de Gaceta.mx: https://www.gaceta.mx/2021/10/asamblea-universitaria-declara-a-guillermo-mendoza-rector-electo-de-la-uat/

Gago, H. (julio-septiembre de 1998). Cultura y evaluación en México: del diagnóstico a la acreditación. *Revista de la Educación Superior, 27*(107).

García, A. (6 de mayo de 2022). *La Lista*. Obtenido de Cabeza de Vaca, los seis años de 'vientos de cambio' que estarán a prueba en Tamaulipas: https://la-lista.com/poder/politica/cabeza-de-vaca-los-seis-anos-de-vientos-de-cambio-que-estaran-a-prueba-en-tamaulipas

Gibb, A., & Hannon, P. (15 de Septiembre de 2011). *Towards the entreprenurial university?* Obtenido de https://webspace.utexas.edu/cherwitz/www/articles/gibb_hannon.pdf

Glazman, R. (2005). *Las caras de la evaluación educativa.* Mexico: Paidea/ FFyL UNAM.

Granados Ramírez, P. (2000). *Universidad Autónoma de Tamaulipas, la crisis del 2000.* Congreso del Estado de Tamaulipas, Comisión de Hacienda. Victoria, Tam.: fotocopias de discursos.

Grediaga Kuri, R. (2001). *Profesión académica, disciplinas y organizaciones. Procesos de socialización académica y sus efectos en las actividades y resultados de los académicos mexicanos.* Ciudad de México: ANUIES, Colección Biblioteca de Educación Superior.

Guerrero Cultural Siglo XXI AC. (11 de 03 de 2020). *Enciclopedia Guerrerense.* Obtenido de Castrejón Diez, Jaime: https://enciclopediagro.mx/biografias/castrejon-diez-jaime/

Guevara Cisneros, J., Lladó Lárraga, D. M., Navarro Leal, M. A., & Uvalle, A. (1993). Desarrollo de un sistema de planeación participativa. *Foro Calidad e Innovación para el Cambio Universitario.* Guadalajara, Jal.

Guevara, G. (1983). *El Saber y el Poder.* Universidad Autónoma de Sinaloa.

Gutierrez, J., & Guevara, J. L. (1994). Definición de políticas y desarrollo de la investigación en la UAT. En M. A. Navarro Leal, *Planeación Universitaria para Nuestro Tiempo* (págs. 91-102). Victoria, Tam.: Fomento Editorial UAT.

Guzmán Gómez, C. (2017). Las nuevas figuras estudiantiles y los múltiples sentidos de los estudios universitarios. *Revista de la Educación Superior, 46*(182), 71-87.

Hernández Carreto, D. (9 de Marzo de 2021). *Cabeza de Vaca secuestró y mutiló a hijo del rector de la UAT para colocar a familiar: Alejandro Rojas.* Obtenido de The Mexico News: https://themexico.news/las-denuncias/cabeza-de-vaca-secuestro-y-mutilo-a-hijo-del-rector-de-la-uat-para-colocar-a-familiar-alejandro-rojas/

Hernández Santamaría, G. (2012). *El plumaje del correcaminos. La UAT 50 años de ideologías y autonomía.* Universidad Autónoma de Tamaulipas.

Hernández Yáñez, M. L. (Diciembre de 2006). La gestión gubernamental del trabajo académico. (S. 4. SNTE, Ed.) *La tarea*(19).

IIPE Buenos Aires. (2000). *Desafíos de la Educación. Diez módulos destinados a los responsables de los procesos de transformación educativa.* Buenos Aires: UNESCO.

Juarez, C. M. (30 de Noviembre de 2023). *Relación entre rector de la UAT y gobernador de Tamaulipas era 'insostenible': periodista.*

Obtenido de Aristegui Noticias: https://aristeguinoticias.com/3011/mexico/relacion-entre-rector-de-la-uat-y-gobernador-de-tamaulipas-era-insostenible-periodista-video/

Knight, J. (2003). Updating the definition of internationalization. *International Higher Education. A quarterly Publication, Fall 2003*(33), 2-3.

Knight, J. (2011). Internationalization: a decade of changes and challenges. *International Higher Education*(50), 6-7.

Knight, J. (2015). Financing education hubs: who invests? *International Higher Education*(79), 4-5.

Knight, J., & McNamara, J. (2015). The impact of transnational education in receiving countries. *International Higher Education*(82), 3-5.

Lastras, B. R. (Ene - abr de 2008). *Bases del Nuevo Institucionalismo y el Impacto Organizacional de la Evaluación y los Estímulos Externos A Académicos.* Obtenido de http://usic13.ugto.mx/revista/bases.asp.

Latapí, P. (2008). *Andante con brío. Memoria de mis interacciones con los Secretarios de Educación (1963-2006).* México: Fondo de Cultura Económica.

Lavin Flores, S. (1984). Administración de la investigación en la Universidad Autónoma de Tamaulipas. *Encuentra Nacional sobre Administración Universitaria y Calidad de la Educación Superior. Memorias*, págs. 99-113. Villahermosa, Tabasco: SEP-UJAT.

Leal Gutiérrez, J. M. (14 de Marzo de 2013). *"UAT se consolida con finanzas fuertes".* Obtenido de http://www.josemarialealgutierrez.com/content/?q=es/prensa/uat-se-consolida-con-finanzas-fuertes-rector

Leal Gutiérrez, J. M. (3 de Diciembre de 2013). *"Uat se fortalece como universidad emprendedora".* Obtenido de http://www.josemarialealgutierrez.com/content/es/prensa/uat-se-fortalece-como-universidad-emprendedora

Leal Gutiérrez, J. M. (6 de Diciembre de 2013). *www.josemarialealgutierrez.com.* Obtenido de IV Informe Rectoral: http://www.josemarialealgutierrez.com/content/es/iv-informe-rectoral

Lladó Lárraga, D. M., Navarro Leal, M. A., & Cruz Aguilar, M. L. (2007). La reforma del bachillerato en Tamaulipas: El paso de dos a tres años. *IX Congreso Nacional de Investigación Educativa. Área temática 13. Política y Gestión.* Mérida, Yucatán: COMIE. Obtenido de https://www.comie.org.mx/congreso/memoriaelectronica/v09/aplicacion/dat13.htm

López Obrador, A. M. (8 de Agosto de 2019). Se creará Universidad Nacionl de Medicina en la Ciudad de México. *Regeneración.* Obtenido de https://regeneracion.mx/amlo-se-creara-universidad-nacio nal-de-medicina-en-la-cdmx/

López, R. (1996). *El financiamiento de la educación superior 1982-1994.* México DF: Biblioteca de la Educación Superior. ANUIES.

Lorey, D. (1993). *The university system and economic development in Mexico since 1929.* Stanford: Stanford University Press.

Mancilla, M. (2005). Influencia de los organismos internacionales en la política educativa en México. En R. Glazman, *Caras de la evaluación* (pág. 267). México: Paidea.

Marquez, E. (1976). *La uiversidad autónoma 1929-1944.* México: UNAM.

Martins, e. a. (2009). Gestão de pessoas com ênfase em competências: um estudo no subsistema avaliação de desempenho da Universidade Federal de Santa Catarina. *XII SEMEAD, Empreendedorismo e inovação.*

Mendoza Patiño, N. (1984). Relaciones Estado - IPN. En O. Mohar, *Crisis y contradicciones en la educación técnica en México* (págs. 73-96). Grupo Editorial Gaceta.

Mendoza Rojas, J. (2002). *Transición de la educación superior contemporánea en México: de la planeación al Estado Evaluador.* México: CESU-Miguel Ángel Porrúa.

Mendoza Rojas, J. (2018). *Subsistemas de Educación Superior. Estadística Básica 2006-2017.* (C. d. 15, Ed.) México: UNAM.

Mercado del Collado, R. (1998). La experiencia de la Comisión Nacional de Evaluación de la Educación Superior (CONAEVA). En S. Malo, & A. Velasquez, *La calidad de la educación superior en México. Una comparación internacional* (págs. 159-169). México DF: Miguel Angel Porrúa.

Milenio Digital (ELGH). (2 de enero de 2018). *Oficializan entrega recepción a rector de la UAT.* Obtenido de José Andrés Suárez Fernández, recibió todos los activos de la Universidad, con la presencia del exrector, Enrique Etienne: https://www.milenio.com/estados/oficializan-entrega-recepcion-a-rector-de-la-uat

Montgomery, D. (1997). Introduction. Prosperity under the shadow of the bomb. En N. y. Chomsky, *The Cold war and the University. Toward an intellectual history of the postwar years.* (págs. vii-xxxvii). NY: The New Press.

Navarro Leal, M. A. (1983). La implementación de innovaciones educativas. Una presentación bibliográfica. *Revista de Educación Superior, 12*(47), 1-9. Obtenido de file:///C:/Users/Marco%20 Navarro/Downloads/Revista47_S2A1ES.pdf

Navarro Leal, M. A. (1994). Elementos para el análisis de la determinación curricular en la UAT. In M. A. Navarro Leal, *Planeación Universitaria para Nuestro Tiempo.* Victoria: Universidad Autónoma de Tamaulipas.

Navarro Leal, M. A. (2000). *Posponer la vida. Educación superior y trabajo en Tamaulipas.* México: Miguel Angel Porrúa - UAT.

Navarro Leal, M. A. (2009). La conducción de las universidades públicas en México: un largo proceso de innovación. En N. Fernández Lamarra, *Universidad, sociedad e innovación. Una perspectiva internacional.* Buenos Aires, Argentina: Universidad Nacional Tres de Febrero.

Navarro Leal, M. A. (2009). Una innovación necesaria. El Núcleo de Formación Básica Universitaria en la UAT. *IV Congreso Internacional de Innovación Educativa* (págs. 883-890). México: Instituto Politécnico Nacional.

Navarro Leal, M. A. (2012). Emprendedurismo universitario en México y Brasil. Consideraciones para su estudio. En N. Fernández Lamarra, *La gestión universitaria en América Latina* (págs. 185-204). Coronel Oviedo, Paraguay: Universidad Nacional de Caaguazú.

Navarro Leal, M. A. (2014). De la educación a distancia a la educación permanente en la Universidad Autónoma de Tamaulipas. En *Las tecnologías de la información y la comunicación en el sistema educativo mexicano.* (págs. 107-130). Bloomington, IN.: Palibrio.

Navarro Leal, M. A. (2015). Innovaciones en Tránsito. Lecciones para la gestión del cambio institucional. *Ponencia presentada en el IX Congreso Internacional de Innovación Educativa.* Veracruz, Ver.

Navarro Leal, M. A. (2020). Tendencias y tareas para la planeación de la educación superior frente al futuro más próximo. En Z. Navarrete Cazales, J. E. Martínez Íñiguez, & J. Soto Juriel, *Educación superior en prospectiva* (págs. 165 - 178). SOMEC, Plaza y Valdes, Universidad Autónoma de Baja California.

Navarro Leal, M. A. (2021). La evolución de la planificación educativa en el contexto de América Latina. *Revista Educación Superior y Sociedad, 33*(1), 137-155.

Navarro Leal, M. A., & Contreras, K. I. (2014). Neoliberal reforms and governance in Mexican higher education. En D. Turner, & H. Yolcu, *Neo-liberal Educational Reforms: A Critical Analysis* (págs. 73-90). NY: Taylor & Francis/Routledge.

Navarro Leal, M. A., & Roux, R. (2016). Goals that melt away. Higher Education Provision. En N. Popov, C. Wholhuter, J. Kalin, G. Hilton, J. Ogunleye, & E. Niemczyc, *Education provision to every one: comparing perspectives from around the worl* (págs. 79-83). Sofia, Bulgaria: BCES Popov, C. Wholhuter, J. Kalin, G. Hilton, J. Ogunleye, & E. Niemczyk.

Navarro Leal, M. A., & Sánchez Rodríguez, I. (2004 йил Octubre-diciembre). Lecciones de la reforma curricular en la Universidad Autónoma de Tamaulipas. *Revista de la Educación Superior, XXXIII (4)*(132), 105-116.

Navarro Leal, M. A., Lladó Lárraga, D. M., & Sánchez Rodríguez, L. I. (2014). De la educación a distancia a la educación permannente. In H. M. Manzanilla-Granados, & I. Rojas Moreno, *Las tecnologías de la información y la comunicación en el sistema educativo mexicano* (pp. 107-133). Bloomington, IN: Palibrio.

Navarro Leal, M. A., Sánchez Rodríguez, L. I., & Lladó Lárraga, D. M. (2009). La conducción de las uiversidades públicas en México. Un largo proceso de innovación. In N. Fernández Lamarra, *Universidad, Sociedad e Innovación. Una perspectiva internacional* (pp. 387-401). Buenos Aires: Universidad Nacional de Tres de Febrero.

Navarro, M. (Ene-jun de 2011). La transformación de la evaluación de Programas por pares académicos en México. *Revista Internacional de Ciencias Sociales y Humanidades SOCIOTAM, XXI*(1), 125-142.

Navarro, M. A. (2005). El PIFI: acotar la planeación, acotar el futuro. En A. Diaz Barriga, & J. Mendoza Rojas, *Educación Superior y Programa Nacional de Educación 2001-2006. Aportes para una discusión* (págs. 75-90). México: ANUIES.

Navarro, M. A., & Sánchez Rodríguez, I. (Octubre-diciembre de 2004). Leeciones de la reforma curricular en la Universidad Autónoma de Tamaulipas. *Revista de la Educación Superior, XXXIII (4)*(132), 105-116.

Navarro, M. A., & Sánchez, L. I. (Octubre-Diciembre de 2004). Lecciones de la reforma curricular en la Universidad Autónoma de Tamaulipas. *Revista de la Educación Superior, XXXII*(132), 105-116.

Navarro, M. A., Sánchez, L. I., Cruz, M. L., & Lladó, D. M. (2005). *La reforma curricular en la Universidad Autónoma de Tamaulipas.* Ciudad Victoria, Tamaulipas: Universidad Autónoma de Tamaulipas.

Niño, M. (2011). La evaluación, la creación de los organismos evaluadores en México y la historia de las primeras evaluaciones de programas académicos en la Universidad Autónoma de Tamaulipas. En U. A. Tamaulipas, *xxx* (pág. 100). Victoria, Tamaulipas: Fomento Editorial.

OCDE. (2005). *The definition and selection of key competencies. Excecutive summary.* Paris: OCDE.

Ornelas, C. (1995). *El sistema educativo Mexicano. La transición de fin de siglo.* Fondo de Cultura Económica - CIDE -.

Pallán, C. (1993). La planeación en la historia del desarrollo universitario. En A. Fernández, & L. Santini, *Dos décadas de planeación de la educación superior* (pág. 38). México: ANUIES.

Proceso. La Redacción. (5 de Diciembre de 2005). "Tamaulipas. El retorno de los porros". *Proceso*, pág. 10.

Ramos Aguirre, F. (15 de 05 de 2023). Rodolfo Gil Zayas, segundo rector de la UAT. *El Diario.* Recuperado el 15 de 10 de 2024, de https://eldiariomx.com/2023/05/15/rodolfo-gil-zayas-segundo-rector-de-la-uat/

Reyna, M. C. (2002). *Informe de Actividades.* Victoria Tamaulipas México.

Rodríguez García, A. (28 de Mayo de 2019). Universidades Benito Juarez, Ya cuentan con 83 planteles. *Proceso.* Obtenido de https://www.proceso.com.mx/585901/universidades-benito-juarez-ya-cuentan-con-83-planteles-faltan-18

Rodríguez Gómez, R., & Ordorika, I. (2012). Cobertura y estructura del sistema educativo mexicano: problemática y propuestas. En J. Narro, J. Martuscelli, & E. Bárzana, *Plan de diez años para desarrollar el sistema educativo nacional.* México, DF: UNAM.

Ruiz Molina, J. (31 de octubre de 1956). Museo Político. *El Diario de Ciudad Victoria.*

Saavedra, U. F. (24 de 01 de 2005). Seminario AE Septiembre. D.F., México.

Salazar González, R. (28 de Noviembre de 2020). Letra pública | La doctrina del choque. *El Sol de Tampico.* Obtenido de https://www.elsoldetampico.com.mx/analisis/letra-publica-la-doctrina-del-choque-6071271.html?utm_source=WhatsApp

Salazar Peralta, E. (1994). Proyecto UAT-2000. En M. A. Navarro Leal, *Planeación Universitaria para Nuestro Tiempo* (págs. 36-53). Ciudad Victoriam Tam: Fomento Editorial UAT.

Sánchez López, O. (s/f). *La Facultad de Ciecias de la Educación. Innovación y Conflicto 1970-1980.* Edición de autor.

Sanchez Rodríguez, L. I., Navarro Leal, M. A., & Gómez Medina, M. (2002 йил Agosto). Las unidades académicas de educación a distancia como modelo académico de atención y diversificación de la demanda educativa en la Universidad Autónoma de Tamaulipas. *Memorias de Congreso 3o Nacional y 2o Internacional Retos y Expectativas de la Universidad.* Ixtapan de la Sal, Estado de México, México.

Sánchez Treviño, M. (25 de 10 de 2005). Relevan a rector crítico del gobierno de Tamaulipas. *La Jornada.* Obtenido de https://www.jornada.com.mx/2005/10/25/index.php?section=estados&article=046n5est

Sanchez Treviño, M., & Leduc, J. (2 de octubre de 2022). Toma posesión Villarreal en Tamaulipas. *La Jornada.* Obtenido de https://www.jornada.com.mx/notas/2022/10/02/estados/toma-posesion-villarreal-en-tamaulipas/

Secretaría de Educación Pública. (2001). *Programa Nacional de Educación 2001-2006.* México: SEP.

Secretaría de Educación Pública. (2019). Informe Consolidado. (B. 22, Ed.) *Obligatoriedad de la educación superior representa ua posibilidad de futuro para los jóvenes.*

Silva, M., & Sontag, S. (1970). *Universidad, dependencia y revolución.* Mexico: Siglo XXI.

Slaughter, S., & Leslie, L. L. (1997). *Academic capitalism. Politics, policies, and the entreneurial university.* Baltimore: The Johns Hopkins University Press.

Székely, M. (15 de abril de 2007). Olvidan Educación Media Superior. Denuncian falta de controles, normas y criterios para su operación. *La Crónica (Agencia Reforma).* Obtenido de http://www.lacronica.com/EdicionImpresa/ejemplaresanteriores/BusquedaEjemplares.asp?numnota=500211&fecha=15/04/2007

Tamaulipas, U. A. (2014). *Plan Institucional de Desarrollo 2013-2017.* Victoria, Tam: UAT.

Treviño Zapata, N. (12 de Agosto de 1956). Entrevista Sobre la autonomía de la preparatoria. *El Diario de Ciudad Victoria.*

Tuirán, R. (17 de Febrero de 2011). La educación superior en México: avances, rezagos y retos. *Campus Milenio*(403).

Tuirán, R. (2012 йил 27-Septiembre). La educación superior en México 2006-2012. Un balance inicial. *Campus Milenio,* pp. http://red-academica.net/observatorio-academico/2012/10/03/la-educacion-superior-en-mexico-2006-2012-un-balance-inicial/.

Tünnerman B, C. (2010). La educación permanente y su impacto en la educacion superior. *Revista Interamericana de Educación Superior,* 121-133.

Tünnermann, C. (1995). *La educación permanente y su impacto en la educación superior.* Paris: UNESCO. Nuevos documentos sobre educación superior 11.

UNESCO. (2015 a). *Global citizenship education. Topics and learning objectives.* Paris: UNESCO.

UNESCO. (2016). *Educación para la ciudadanía mundial. Preparar a los educandos para los retos del siglo XXI.* Retrieved 2017 йил 24-junio from UNESDOC Repositorio UNESCO: http://unesdoc.unesco.org/images/0024/002449/244957s.pdf

UNESCO. (27 de May de 2024). *What you need to know about global citizenship education.* Obtenido de UNESCO: https://www.unesco.org/en/global-citizenship-peace-education/need-know

Universidad Autónoma de Tamaulipas. (1987). *Consulta Universitaria UAT 2000. Resoluciones.* UAT. Oficina Técnica de Información.

Universidad Autónoma de Tamaulipas. (1992). *Plan Maestro 1992-1995. Una Universidad para Nuestro Tiempo* (Vol. I). Ciudad Victoria, Tamaulipas: Universidad Autónoma de Tamaulipas.

Universidad Autónoma de Tamaulipas. (2000a). *Modelo Educativo.* Ciudad Victoria, Tamaulipas: Universidad Autónoma de Tamaulipas.

Universidad Autónoma de Tamaulipas. (2000b). *Modelo Académico.* Ciudad Victoria, Tamaulipas: Universidad Autónoma de Tamaulipas.

Valenti, G., & Varela, G. (1997). El sistema de evaluación de las IES en México. *Redalyc*(9), 131-147. Obtenido de http://www.redalyc.org/articulo.oa?id=26700908

Zorrilla, J. F. (1993). *Universidad Autònoma de Tamaulipas. Reseña històrica 1956-1993* (2a ed.). Ciudad Victoria: Universidad Autónoma de Tamaulipas.

Printed and bound by CPI Group (UK) Ltd, Croydon, CR0 4YY
23/04/2025
01851157-0002